仕事と人生にドラマを生み出す

感動知性

「ジャパンセンス」が世界を変える！

平野秀典
HIDENORI HIRANO

かざひの文庫

はじめに

FROM JAPAN
WITH LOVE

気づいていますか
誰の中にもある
託された尊い宝物
受け継がれたマインドセット
感動知性という標準装備

感動。感激。感謝。感涙。感嘆。感銘。感無量。
歓喜。心震える。心が動く。心に響く。心躍る。
心に沁みる。心揺さぶる。心に刻まれる。
心を打つ。魂が震える。胸に迫る。胸がいっぱい。
胸に込み上げる。万感胸に迫る。感極まる。
胸が熱くなる。琴線に触れる。いとをかし……

はじめに

FROM JAPAN WITH LOVE

「感動」を表す日本語の表現は、文字通り「感動するほど」たくさんあります。

日本は、二千七百年に渡る歴史を持つ現存する世界最古の国で、その悠久の時間の中で感動を大切にする文化が生まれ、育まれてきたのだと思います。

特に260年もの間、平和が続いた江戸時代に、見事な感動文化が花開きました。

浮世絵もその一つです。世界で初めて絵に輪郭を描いたのは、浮世絵でした。

ゴッホやモネがその美しさと表現方法に驚き感動し、大きな影響を受けました。

ゴッホはたくさんの浮世絵を模写しながら、その手法を取り入れていきました。

それまでゴッホの画面に描かれていた茶色や灰色に代わり、ピンクや緑、赤など、明るい色彩が溢れ、彼の絵は大きく変化します。

そしてこの江戸文化が、後の日本アニメなどの世界的人気につながったのです。


現代において、日本のアニメの世界への影響力は大きく強く、日本語や日本文化をアニメから学ぶ人が後を絶ちません。

アニメ人気に関連して、コスプレなどのサブカルチャーの人気も世界規模で広がっています。

江戸時代以前にも、日本文化は世界最先端の文学や芸術を表現していました。平安時代中期に著された紫式部の『源氏物語』は世界最古の恋愛小説でした。かぐや姫の『竹取物語』は世界初のＳＦ小説ですし、竜宮城に行った浦島太郎の御伽話は世界初のタイムトラベラー物語でした。

かつて経済大国としての日本に興味を持った世界の人たちが、今、文化大国としての日本に共感し、影響を受けています。

幕末開国時に起きたジャポニズムやクールジャパンなどの日本ブームとは一味違う日本と日本人へのリスペクトが、現代においても世界規模で生まれているのです。

２０１１年3月11日、東日本大震災という未曽有の大災害に日本が見舞われた時、暴動も略奪も起きず、食料や水の配給に整然と並び、譲り合ったりした日本人の姿を見た世界中の人たちは、なぜこんな未曽有の災害の中で秩序を保っていられるのかと、驚きと感動と敬意の念を巻き起こしました。

FROM JAPAN WITH LOVE

あの時、Pray for Japanと世界中が日本のために祈ってくれました。最近開催されたサッカーや野球の世界大会においても、日本人選手のフェアプレーやサポーターたちの振る舞いに世界が共感し、感動しました。

日本文化の特徴は、共感を呼びながらリスペクトされる「感動文化」です。

それも幕末当時の西洋のように、文化や芸術が貴族や金持ちだけのものではなく、庶民の文化として生まれ発展してきたところに大きな特徴があります。

幕末に日本を訪れた西洋人たちが一様に驚いたのが、この清潔で誠実で、子供たちの笑顔が飛び切り美しかった、心豊かな庶民たちの文化だったのです。

あまりにも感動したので、たくさんの方が本やレポートに書いてくれたことから、その頃の日本への感動と驚きを、現代に生きる私たちも歴史の事実として知ることができるとは、なんと嬉しいことでしょうか。


アニメやコスプレはまさしく庶民の文化です。

日常の中に感動が溢れる国。それが日本です。

今、日本は残念ながら、経済的にも政治的にも外交的にも陰りが見えてきています。

しかし先人たちが培ってくれた文化の灯りは消えていません。

日本人が生み出す感動の灯りは、変わらず世界を照らし、灯り続けています。

感動は、国やイデオロギー、宗教や民族を超えた世界共通の恵みです。

分断と争いに覆われてしまった世界の中で、調和と融合と一体感を生み出す感動を基軸とした日本文化が、再び花開く時が来ているのだと思います。

残念ながら多くの日本人が、先人が残してくれた宝物のような財産を忘れてしまっています。

重要なことは、その宝物はなくなってはいないということです。

忘れてしまっただけなので、思い出せばいいのです。


自信喪失は記憶喪失。

日本人一人ひとりの中に流れる感動の遺伝子を思い出し、一人ひとりが自分を取り巻く日常に感動を生み出していくこと。

先人たちが実践し、時には命をかけて守り、つながれてきた気高い精神性と文化を、江戸時代の庶民たちが当たり前にやっていた、もらった恩を周りの人や次の世代に受け継いでいく「恩送り」で実践していくこと。

先人たちが大切にしてきたことを、今を生きる私たちがしっかりと受け継ぎ、新しい時代にフィットさせながら、次の世代に受け継いでいくこと。

バトンリレーや駅伝という競技では、途切れたらそこで終わりですが、文化や文明は途切れたように見えても、DNAの中に受け継がれ、物語の中に受け継がれ、復活することができるのです。

心理学者のカール・ユングが提唱した「集合的無意識」という概念があります。フロイトの「無意識」を発展させ、人間には「顕在意識」と「個人的無意識」「集合的無意識」という3つの領域が存在するとしました。

顕在意識は5%～10%ほどで、残りは無意識ということで、「海に浮かんだ氷山」のたとえで表されていますので、ご存知の方も多いと思います。

水面下に隠れている膨大な無意識の中で、「集合的無意識」というのが、今を生きる多くの人に影響を与えています。

２０２０年にコロナ禍が始まり、世界中が不安と恐怖の中に叩き込まれました。儲け主義や権威主義の人たちによるプロパガンダ情報もマスコミやネットを通じて大量に流され、何が正しいのかがわからない状況が続きました。

パンデミックの真偽については、歴史の審判とそれぞれの情報リテラシーに任せますが、私が気になっていたのは、世界規模で不安と恐怖というマイナスの感情が同時期に蔓延し続けたことです。

ユングの言う人類の集合的無意識の振り子が、大きくネガティブ方向へ振れて、戦争やテロが起こらなければいいなと思っていたところ、ウクライナや中東で悲惨なことが起こってしまいました。

正義と正義のぶつかり合いの中で、世界は今、信じられないような暴力と憎しみの連鎖に晒されています。

先ほど述べた、ここ数年の野球やサッカーなどの国際大会で日本人が示したあり方に世界が感動しているのは、道徳が薄れてしまった世界に疲れてしまった人々が、人種や宗教を越えて人間本来の生き方に触れたからではないでしょうか。

紛争や戦いを止めるために、イデオロギーや正義感で二元論的な善悪を決めて戦うのは、火に油を注ぐような行為です。

集合的無意識の振り子を戻すためには、一人ひとりが身の回りの世界を変えること。目の前の仕事や周りの人との関係性に、自分らしい表現力を活用し、感動を生み出すこと。

一人ひとりが、「ハチドリのひとしずく」の諺（ことわざ）のように、「感動のひとしずく」を創造することなのだと私は信じます。

平安時代の仏僧であり天台宗の開祖最澄が「一燈照隅万燈照国（いっとうしょうぐうばんとうしょうこく）」と説いたように、一つの灯火だけでは隅しか照らせないが、その灯火が万という数になると、国中を照らすことができるという希望を胸に、今まさに行動する時なのだと思うのです。

日本人として受け継がなければならない心を知り、一人でも多くの人が世界を変える行動を始められるように、大和の国に住む人が本来持っている感動を生み出す知性を本書で共有したいと思います。

一羽の蝶の羽ばたきが、さまざまな連鎖を引き起こし世界を動かしていくという「バタフライエフェクト」のように、一人ひとりのささやかな想いと行動が、世界を動かすエネルギーを巻き起こすことを願って。

若者で賑わう街・東京渋谷。そのある雨の日の出来事。

アメリカから来たご夫妻が、高層ビルのレストランで食事を終えて廊下に出ると、雨が降り出していた。

ビルの高い通路から見下ろすハチ公広場前の大きなスクランブル交差点では、信号が青になると色とりどりの雨傘がひしめいていた。

ご夫妻は足を止め、じっと窓から見下ろした。

「私たち、こうするのが大好きなの。日本のことが一番よくわかるから。雨の日、そしてことに渋谷のような大きな交差点。ほら、あちこちの方向へ動く傘をよく見てごらんなさい。ぶつかったり、押し合ったりしないでしょ？　バレエの舞台の群舞みたいに、規則正しくゆずり合って滑って行く。演出家がいるかのように。これだけの数の傘が集まれば、こんな光景はよそでは決して見られない」

（加藤恭子編『私は日本のここが好き！』出窓社より）


悠久の時を超えて受け継がれてきた日本人の感動知性を、私は「ジャパンセンス」と名付けました。

意識しなくても、受け継いだ大切なたくさんの宝物「ジャパンセンス」は、私たちの中に確かに存在しているのです。

ビジネスや経済学においても、日本には貴重な叡智が存在していました。

日本には、創業１００年企業が３万３０００社、２００年企業が３０００社、どちらも世界ダントツ１位の超老舗企業大国でもあります。

日本のビジネスを支えていた原点を知れば、ＳＤＧｓだ持続可能性だと声高に掲げなくても、世界最古で最先端のビジネスの極意が鮮やかに見えてきます。

現代の教科書には載っていませんが、日本には素晴らしい経済学の先駆者が存在していました。

「石田梅岩（いしだばいがん）の石門心学（せきもんしんがく）」という商人道です。

松下幸之助や稲盛和夫などの名経営者が揃って学んでいたビジネスの王道を行く学問でした。

本書でそのほんの一部を取り上げますが、その先見の明、思想の深さに驚かれると思います。

旧五千円札の肖像画だった新渡戸稲造（にとべいなぞう）が世界に向けて描いた『武士道』は、侍の心得ではなく、世界中を感動させた日本人の心と魂の素晴らしさが書かれていました。

『武士道』は、戦のためではなく平和を生み出すための日本の教えでした。能楽師世阿弥（ぜあみ）の『花伝書』や『花鏡』には、人を喜ばせ幸せにするエンターテインメントの本質と極意が書かれていました。

それらのジャパンセンスの何が凄いかと言えば、すべてが日本人のＤＮＡの中に「標準装備」として眠っていることです。

残念ながら「眠っている」ので、多くの人がその財産を忘れてしまっていますが、ないものは身に付けて、あるものは思い出し使いながら磨いていくだけです。

ないものを身に付けるのは他書に譲ることとし、本書では全編にわたって、あるものにフォーカスし、本来持っている能力と魅力と可能性を「本領発揮」するために役立つセンスと実践法を、悠久の知性をたどりながら紐解いて行きます。

そしてまた、次のお二人のエールに答える、日本人の感謝と決意の書となることを願いながら筆を進めて行こうと思います。

日本ほど素晴らしい国は、世界中のどこにもないだろう。
これは私の確信であり事実だ。
問題は、日本の素晴らしさ、突出したレベルの高さについて、
日本人自身が全くわかっていない事だ。
おかしな話だが、日本人は本気で、日本はダメな国と思っている。
最初は冗談で言っているのかと思ったが、
本気とわかって、心底驚いた記憶がある。
信じられるかい?
こんな理想的な素晴らしい国を築いたというのに、誇ることすらしない。
本当に奇妙な人たちだ。
しかし我々欧州の人間から見ると、日本の現実は奇跡にしか思えないのである。

サッカープレミアリーグ「アーセナル」の名将
アーセン・ベンゲル

私は日本に対して深い親愛感を抱いております。
これぞ生命の泉ともいうべき貴国の春を知り、
芸術の源とも譬うべき秋を知りました。
夏の夕立に濡れ、雪を踏みしめて富士の頂にも登り、
家族と共にその麓で過ごしました。
日本民族の勇気、熱誠、自然や神々との緊密な結びつき、
歴史の連続性、文化の奥深い独創性などからして、
日本こそ明日の文明の座標軸の一つとなってしかるべきではないでしょうか。
今こそ日本国民が自己信頼を回復し、自らの「特異性」を発揮すべき時です。
世界最古にして、かつ現存の一文明の後継者であるとは、
何たる皆さんは幸福者でありましょうか。
今、世界は、日本を必要としています。

しかし、ここ数年来というもの、あなたがたのことを考えては、
私は驚きを禁じえないでまいりました。
なぜ皆さんが、かくもご自分自身について疑い、
ルーツから遠ざかっていらっしゃるのか、理解に苦しむのです。
日本の皆さんは、人類史上最大の精神文化の一つの継承者です。
皆さんは自分がいかなる秘宝の上に座しているか
本当に自覚しておられるのでしょうか。
今こそ自分自身を取りもどすべき時なのです！

フランス国営文化放送プロデューサー、作家
オリヴィエ・ジェルマントマ

FROM JAPAN WITH LOVE

この現代日本に向けた欧州からの熱きエールは、日本人である私たちに、忘れていた大切なものを思い出させる気概と勇気を与えてくれます。

混迷の世界を救う可能性を持った日本人の叡智を思い出し、再起動するためには、日本だけが素晴らしいという二元論的な国粋主義や排外主義に陥らず、大いなる調和を生み出してきた大和の国日本の王道を学び、実践することが求められます。

本書は、ビジネス書のような、自己啓発書のような、哲学書のような、経済書のような、従来のジャンルには入りきらない異端の書になりますが、先が見えにくい時には、意識の枠を広げる異化体験が必要とされるものです。

「ないものねだりよりあるもの磨き」

「あるもの」に敬意を向けて、自分らしい物語を紡ぎ、仲間とつながり、常識を超えて、感動と平和のリアルドラマを創る人へ、本書が届くことを心より願っています。

平野秀典

目次

武士道 SOULE OF JAPAN

感動知性

KANDOU WISDOM

おわりに

不易を知らざれば基立ちがたく、
流行を知らざれば風新たならず
『去来抄』　向井去来

センス

日本人のように生きようと
世界の模範となるために
目に見えるエゴの光ではなく
目に見えない心の美しさを磨く
感動の国日本の恩贈り

ジャパン

JAPAN SENSE

標準装備に愛を込めて

誰でも子供の時は芸術家であるが、
問題は、大人になっても
芸術家でいられるかどうかだ。

パブロ・ピカソ

自分らしさや個性を最大限活用することを表すのに、「本領発揮」という素晴らしい日本語があります。

人も組織も国も、「本領発揮」している時に最も輝きます。

どんなに成功しているように見えても、本領を発揮していない国や組織や個人は、継続性を失い、信頼も失っていきます。

ドラマや舞台で言えば、本来のキャスティングではない役を演じている勘違いした役者のような存在です。またはミスキャスティングのまま本番の舞台に立ってしまった気の毒な役者のような存在です。

ではどうすれば自分らしく個性を輝かせて、本来演じるべきキャスティングをまっとうしながら本領発揮できるのでしょうか？

本領発揮のためのキーワードは、「標準装備」です。

車やパソコンにも「標準装備」と「オプション装備」があるように、人間にもそれがあります。

もともと持っている標準装備を使わずに、オプション装備だけで快適に動くものは、世の中に存在しません。

でもなぜか人間は、オプション装備を過剰に探し次々と取り込みます。

私たちは大人になる過程で、自分の外側から知識や情報、処世術やテクニックなどの様々なオプション装備を取り入れてきました。

オプション装備の賞味期限が切れたら、すぐに次の新しいオプションを探し、次々と自分の外側に「身に付ける」ことを繰り返してきました。

人の役に立つためのオプションも、敵から自分を守るための必要なオプションも、誰かを出し抜くためのオプションも、たくさん「身に付けて」きました。

それはその時々に必要なことだったのでしょう。

しかし、あまりにも多くのオプションを「身に付け」すぎて、動きが重くなってしまったパソコンのようになっていることに気づき始めた人も増えています。

昨今ＡＩ（人工知能）が急速に発達し、日常の様々な場面で活用され便利になる反面、人間の仕事や雇用がなくなってしまうことも危惧されるようになってきました。

もちろん素晴らしい科学の発達の成果であり、様々なメリットも付加されていくことでしょう。

しかしどんなに素晴らしくても、道具のお陰で人間が不必要になるのは、本末転倒ではないでしょうか。

また人間がその脳や心を使って磨いてきたアナログの表現力や共感力や創造力を訓

練することが極端に減ってしまうとどうなるのでしょうか。

ＡＩはあくまで過去のデータを最適化し編集する「スーパー左脳的な道具」です。これまでのオプション装備的な左脳的な仕事は、ＡＩに移行して行くことは間違いないと思います。

しかし私たち人間には、哲学や芸術の創造という右脳的な働きの中で、たくさんの価値や感動を生み出してきた歴史があります。

急速なＡＩの発達は、人間にしかできないことに戻れという地球規模の流れのように私には思えます。

「自分にあるもの」をしっかり活用し、それができたあとに初めて、「自分にないもの」が見えてきます。

自分にないものを優れた道具によってサポートするという順番です。

学校教育を終え社会に出てから私たちは、「ないものを身に付ける」というアプローチをたくさん行ってきたために、「あるものを磨く」というやり方にあまり慣れていないのです。

もうそろそろこの辺で、もう一つの大切な存在である「あるもの＝標準装備」を思い出してあげてもいいのではないでしょうか。

アーティストでもアスリートでもビジネスリーダーでも、一流と言われる人たちはすべからく、標準装備を徹底的に磨き活用した人です。

それなしには、「一流」、つまり「一つの流派」というオリジナルな道は創れないからです。

では、人間の標準装備とは何でしょうか？

それはたとえば、純真無垢な子供の頃、笑ったり歩いただけで周りの人を感動させていた天然の表現力。

そこにいるだけで、周りの人を幸せにしていた天然の共感力。

誰に教えられなくても、もともと持っていた能力を全開状態で使っていたあの頃。

私たちは誰もが天然の表現力と共感力と創造力という標準装備をインストールされて生まれてきました。

そしてそれは、人を感動させる不思議な力を持っていました。

大人になってから表現力という標準装備を磨くと、「周りの人が感動することで自分も感動する」という素敵なオマケが、もれなくついてきます。

オプション装備は、外から取り入れるので「身に付ける」ものです。

標準装備は、すでに持っているものですので「磨く」「活性化する」もの。

「活性化する（ａｃｔｉｖａｔｅ）」とは「あるものを使えるようにする」という行為です。

標準装備を日々磨いている人は、たとえて言えば、パソコンのＯＳが常に最新版にアップデートされている人です。

後で取り入れたオプション装備がサクサク動き、最適なパフォーマンスが発揮できる人です。

人間の標準装備は、ゼロから磨くのではなく、自分の中にすでにあるものを頭で知り、心で感じ、肚に落としながら日々磨き、高めていける一生ものの財産です。

標準装備の中でも、目の前の日常をドラマのように感動的な物語に再創造するセンスが、本書のテーマ「感動知性」です。

感動知性は大きく分けて、表現力や共感力や創造力のように、人間として生まれただけで備わっている標準装備と、日本人として生まれただけで受け継がれている標準装備の2つがあります。

どちらも、普段あまり意識することなく無意識の中に存在しています。

今、日本という国が急速に劣化しているように見えます。

誰の責任とか誰が悪いとか言うレベルでは語れないほどの、何か大切なものが一つひとつ壊れてきています。

高くジャンプする前の縮んだ状態だと思いたいのですが、劣化の度合いが尋常ではないものを感じてしまいます。

しかし諦めることはできません。日本を築き、守り、育て、私たちに残してくれた先人たちの想いと努力を無にすることなどできません。

日本人の誇りと高い精神性を「標準装備」として誰もが受け継いでいることを思い

出し、一人ひとりが自分の持ち場において本領発揮することが求められているのです。

未来から振り返った時、今が歴史の転換期になったことを世界が知るのだと思います。

見方を変えれば、激動を感動に変える最高にドラマティックな機会が今なのです。

誰もが自分らしく本領を発揮することは、今、最も優先順位の高いあり方であり、生き方です。

情報が溢れ人工知能が日常化する昨今、私たちの意識は自分の外側に向きやすくなっています。

外側にフォーカスすると、自分に足りないものに意識が向きやすくなります。

そして自分にないものを追い求め、身に付けるという行動を際限なく繰り返すようになります。

足りないものにフォーカスし他者との争いの結果獲得するという、戦争と闘いに明け暮れた二十世紀という時代はもうとっくに終わっているのにです。

内側に「すでにあるもの」に気づき、磨き、使い、活かし、育て、融合調和していくのが、心と魂の時代と言われる二十一世紀に最もフィットした生き方です。

国も個人も企業も今「標準装備」という財産を活かし、本領を発揮するというアプローチが、歴史上最も大切な時代になっています。

どんなに成功しようと、どんなに金持ちになろうと、自分の本領を発揮していなければ、心が満たされることはなく、それがどれほど空しいことなのか想像できると思います。


表現力や共感力などの人間として持っている標準装備。

個性、才能など個人としての標準装備。

先人から受け継いだ感動を生み出す知性という標準装備。


それはすべて、誰の中にも溢れるほどある忘れられた宝物。

「標準装備」こそ、「らしさ」という存在価値を生み出す原点だったのです。

「人間らしさ」「自分らしさ」「日本人らしさ」など、「らしさ」を忘れてしまったところから人や組織や国の衰退が始まります。

人間らしさを忘れた人が作り出す闇を、人間らしさを磨いた人の輝きで照らすことができる世の中にするために、本来の輝きを生み出す「感動知性」という標準装備を知り、磨くことが早急に求められているのです。

この世界の摂理として、光の前に闇は存在できないのだから。

西洋もこんなだったらいいのに

東洋の島国である日本が野蛮で未開の遅れた国であると思い込んでやってきた西洋人たちが、日本の自然の美しさと庶民の文化的な徳の高い生活を目撃して、心底驚き、そして感動しました。

２６０年間も平和を続けた江戸時代に花開いた日本文化は、庶民も含めた国民全体に浸透していたのです。

当時の江戸は１００万都市として世界一の規模を誇り、浄水設備やゴミのリサイクルなど、非常に優れたシステムを稼働させていました。

なにより庶民たちの、貧しいけれど屈託のない笑顔や態度、振る舞いなどに接して、あまりにも感動し、たくさんの文献に書き残してくれたので、現代の私たちがその事実を知ることができるのです。

日本にいるとなかなか気づけないことを、海外からの目で見ることで視野が広がることはよくありますが、特にこの時代の日本という国の庶民の生活と文化が世界一の美しさと気高さを持っていたことを示す貴重な記録が、たくさん残っているのです。

日本は汲めど尽きぬ何かを持った意外性の国です。
その新奇なものたるや、
日本人の生活ではほんの日常的なことなのです。
外国からやって来る旅行者は、
この国民から深い恩恵を覚えることは確かです。
それほど日本人は世界でも際立つ興味深い民族で、
しかも感謝の念は特定の個人にだけでなく、
日本全体に感じます。

エリザ・シドモア（アメリカの著作家・写真家・地理学者）

この地球の表面に棲息する文明人で、
日本人ほど自然のあらゆる形況を愛する国民はいない。
嵐、凪、霧、雨、雪、花、季節による色彩の移り変わり、
穏やかな河、とどろく滝、飛ぶ鳥、跳ねる魚、
そそり立つ峰、深い渓谷。
自然のすべての形相は、単に嘆美されるのみでなく、
数知れぬ写生図や掛け物に描かれるのである。
日本人の繊美な装飾芸術を見た後では、
日本人が世界中で最も深く自然を愛し、
そして最大な芸術家であるかのように思われる。

エドワード・モース（大森貝塚を発見したアメリカの動物学者）

これ以上幸せそうな人びとはどこを探しても見つからない。
喋り笑いながら彼らは行く。
人夫は担いだ荷のバランスを取りながら、鼻歌を歌いつつ進む。
遠くでも近くでも、「おはよう」「おはようございます」とか、
「さよなら、さよなら」というきれいな挨拶が空気を満たす。
夜なら「おやすみなさい」という挨拶が、
この小さい人々が街頭でお互いに交わす深いお辞儀は、
優美さと明白な善意を示していて魅力的だ。

エドウィン・アーノルド（イギリスの新聞記者、随筆家、東洋学者）

この感動的な江戸の庶民たちの「ジャパンセンス」は、現代ではもうなくなってしまったのでしょうか？

いいえ、日本人の精神性と振る舞いは、しっかり残っていました。

サッカーW杯や野球のＷＢＣでも注目され、世界中に驚きと感動を発信しました。

２０２２年のサッカーワールドカップカタール大会では、優勝候補のドイツとスペインを撃破したサムライブルーの選手たちのプレースタイルや振る舞い、日本人サポーターのゴミ拾いする姿が世界を驚かせました。

ワールド・ベースボール・クラシックを戦った日本代表やファンが見せた礼儀正しさにも、世界から賛辞が送られました。

東京ドームで行われた試合で、日本代表「侍ジャパン」がオーストラリア代表に勝利、一次リーグ通過を決めた際、大谷選手は右翼席の上に設置された自身の看板を直撃するホームランを放ちました。

場内が大きな興奮に包まれたＷＢＣでの記念すべき第一号でした。

読売新聞によると、このホームランボールを手に入れたのは、福島県いわき市の大学生、赤津優奈さんでした。

赤津さんは入手したボールを外野席の他のファンに渡すと、各自がスマホなどで撮影してから、次の人に手渡す形でリレー。最終的に赤津さんの元にボールは戻ってきました。

この日本人にはあたり前にも見えるこの行為が、世界を驚かせたようです。

MLB公式サイトでマイケル・クレア記者は、「日本のファンは丁寧に大谷のホームランボールを回覧した」と報じました。

「日本代表と読売ジャイアンツのファンである赤津優奈が貴重な記念品を手に入れた後、多くのファンが、私たちの多くが幼稚園で学んだような分かち合いのアートを披露した」

ボールが途中で奪われることなく、礼儀正しくリレーされる様子を見て、海外ファンに衝撃が走ったのです。

「なんて温和な人たちなんだ」

「美しい文化だ。西洋もこんなだったらいいのに」

「日本の応援文化は世界に影響を与えている」

このニュースを、アメリカの放送局「ＦＯＸスポーツ」のアナリスト、ベン・バーランダーは次のように報じました。

「私の人生でこんな光景を一度も見たことはありません。アメリカでは確実にありえません。大谷翔平のホームランの後、ボールはスタンドの周りを通過した後、正当な所有者に返されました」

スポーツに限らず、２０１１年の東日本大震災や２０２４年の能登半島大地震や、日本航空機の衝突事故などの悲しい危機の中でも、秩序を保ちながら助け合い、乗員乗客全員が奇跡的に脱出できた日本人の姿は、変わらず世界に驚きと衝撃と感動を与えています。

大切なことは、これらのジャパンセンスは、後から身に付けたものではなく、もともと日本人に備わっている標準装備であることです。

先人から受け継がれた教えと、人としてすでに備わっている能力、個人の才能や個性などが融合した天からの贈り物なのです。

国を背負う特別なスポーツの大会や大災害などの危機の中で目覚める日本精神。受け継がれた尊いジャパンセンスを、私たちは平穏な日常では忘れてしまっているようです。

私たちは、本当は何者であったのか。

心を澄ませて忘れていた宝物を思い出し、先人からいただいた恩を、次の世代に贈っていこうではありませんか。

リアル感動ファンタジーの国

開国後に、日本は野蛮な後進国だと予想して来日した外国人たちの、日本人が創り上げていた文化と文明への驚きは、本当に感動レベルであったようです。

ノエル・ペリン著『鉄砲を捨てた日本人』（中公文庫）によれば、「徳川期日本の活力を最も端的に伝えているのは、おそらくペリーによる開国後に日本を訪れた第一世代の外国人の証言だろう」ということになります。

「私はいたるところで子供たちの幸せそうな笑い声を耳にした。そして、一度も生活の悲惨を目にしなかった」

ヘンリー・ヒュースケン、アメリカ公使館第一書記、一八五七。

「人々はみな清潔で、食糧も十分あり、身なりもよろしく、幸福そうであった。これまでにみたどの国にもまさる簡素さと正直さの黄金時代をみる思いであった」

タウンゼント・ハリス、アメリカ総領事、一八五八。

「私は平和、裕福、明らかな充足感を見出した。またその村落は、イギリス村落にも立ち勝るばかりにこの上なく手入れがゆき届いており、観賞用の樹木はいたるところに植えられていた」

ラザフォード・オールコック、一八六〇。

「日本に行く目的が日本を文明国にするためである、というのは真実から遠い。なぜならば日本にはすでに文明が存在しているからだ。では、異教徒たる日本人をキリスト教に改宗させる目的で日本に行くのか、と言われれば、これも真実ではない。

そうした企ては、わたくしたちが受けいれている条約の規定によって厳しく禁じられているからである。
それでは、日本国民の幸福の増進をはかる目的で行くのかといえば、これも違う。なぜかというと、日本国民ほど幸福に充ちた国民は他に存在しないからである。
わたくしたちは貿易によって利益をあげるという目的以外はもっていない」

エドワード・バリントン・ド・フォンブランケ将軍、一八六一年。

「外国人は日本に数ヶ月いた上で、徐々に次のようなことに気がつき始める。すなわち彼らは日本人にすべてを教える気でいたのであるが、驚いたことに、また残念ながら、自分の国では人道の名において道徳的教訓の重荷になっている善徳や品性を日本人は生まれながらに持っているらしいことである」

エドワード・モース、東京帝国大学・動物学教授

世界最古の歴史を持つ日本という国は、そもそも国の成り立ちが神話ですので、「感動ファンタジーの国」と言ってよろしいのではないかと思うのです。

歴史上も現在も、まさにファンタジー映画のような出来事が起こる国。

最近では、「令和元年のリアル感動ファンタジー」を私たちは体験しました。

２０１９年（令和元年）10月22日、天皇陛下の即位礼正殿の儀。

２００年ぶりの譲位（君主が存命中の間に、その地位を後継者へ譲り渡すこと）でした。国民が喪に服することなく祝福の中で平成から令和へ年号が変わったのです。

即位礼正殿の儀の当日、台風20号の影響で前夜から降り続いていた激しい雨が、儀式直前にピタリと止み、雲間から青空が見え、大きな美しい虹が皇居を包むようにかかり、初冠雪した富士山が雲から顔を出し、その前後で鳥の鳴き声がしたのです。

日本人の多くはそこに天照大御神の存在を感じたことでしょう。

そして世界中が、日本で起こったリアル感動ファンタジーの瞬間を目撃し感動しました。

では、200年前に譲位がなされた天皇陛下はどなただったのでしょうか？

第119代天皇「光格天皇（1771〜1840）」です。

江戸時代後期に即位し、人望があり、たくさんの国民から慕われ、飢饉や災害が起こった内憂外患の苦しい時代に朝政を行い、大嘗祭や新嘗祭を古式に則って復活させました。

天明の大飢饉で何十万人が餓死し、京都御所の周りに何万人も集まった（御所千度参り）時には、光格天皇が立ち上がり、22トン以上の米の放出を決定しました。

この時の光格天皇、わずか17歳だったそうです。

政治には口を出せない時代に、徳川幕府との粘り強い交渉を重ねながら、様々な改革を幕府に認めさせ、後の明治維新へとつながる下地を作った素晴らしい天皇でもありました。こうした改革の方針は仁孝天皇にも受け継がれ、やがて来る明治維新へのタネを撒いたと言われています。

譲位し上皇になられた時には、このような歌を詠まれました。

「身のかひは　何を祈らず　朝な夕な　民安かれと　思うばかりぞ」

光格天皇はまさに江戸時代にリアル感動ファンタジーを生み出した「ファンタジスタ」です。

ちなみにあなたは、「ファンタジー」という言葉に、どんなイメージをお持ちでしょうか？

直訳すれば、ファンタジーとは、空想、幻想のこと。

ややもすると「ファンタジー」は、幻想や夢物語という、相手を揶揄する意味合いで使われることがありますが、ファンタジーの起源を調べてみると、古代・中世の書物に記された神話や伝説、英雄物語などに行き着きます。

また、イソップ童話のような童話から児童文学につながる流れもあります。

現代では、映画、アニメーションなど様々な商品やＲＰＧ（role playing game）など、より多くのメディアを通して発信されています。

ほとんど知られていませんが、実はファンタジーには、「ハイ・ファンタジー」と「ロー・ファンタジー」の2つの種類があります。

「ハイ・ファンタジー」とは、現実を超えた「異世界」の中での物語が描かれます。「ロー・ファンタジー」は、現実世界を舞台として日常の中に異世界の存在が紛れ込む物語のことです。

どちらの要素も取り入れているものもありますので、この分類は厳密ではないのですが、現実世界で感動を生み出すサッカーの「ファンタジスタ」は、「ロー・ファンタジー」に属する存在となりますね。

「ファンタジスタ」はもちろん「ファンタジー」が語源です。

そしてその意味は「予想を超え、独創的で創造性に富んだ表現力で観客を魅了する人」です。

同じくファンタジーが由来の言葉に「ファンタスティック」があります。意味は、「非常にすばらしいさま。感動的、幻想的で、夢を見ているようなさま」「今までに経験したことのないくらい感動して心を揺さぶられている状況」

「現実とかけ離れたような奇抜なアイデア・夢のような構想」

あなたもぜひ、日本人に生まれただけで受け継がれた感動知性という標準装備を活用して、ファンタスティックな感動を生み出す「ファンタジスタ」になろうではありませんか。

日本文化の原点「清き明き心」

日本人が古来より受け継いできたジャパンセンス。

その原点の一つに、「清き明き心」があります。

古神道でも重視されてきた「清き明き心」。

裏のない正直な晴朗な心のことで、日本人の価値基準の最高位に位置していました。

この最高価値観が、神道の「祓いたまえ清めたまえ」という祝詞につながっています。「清らかである」ことは、日本人が最も大切にする美意識なのです。

神道では、人は天御中主神や天照大神に代表される神々の子孫であると考えられています。

そのような神々からの御霊（＝いのち）を受け継ぐ人は、生まれながらにその身のうちに神様を宿し、美しく清らかな存在であるとされています。

清浄な川の流れのように、人は神様から分け与えられたエネルギーを心と身体に循環させているのですが、油断するとすぐに人の心は、悩みや嫉妬、傲慢、憎悪などといった様々な「異心」に覆われてしまいます。

「異心」によって滞ってしまうエネルギーの動きを、神社での祈りという形で祓い清めているのです。

これは宗教の話ではなく、日本文化と文明の原点についての話です。

前述したように、幕末にやってきた西洋人が野蛮人だと思っていた日本人が、あまりも気高く、精神性が優れていたことに驚き感動し、盛んに書物に書いたほどの日本人のルーツの話です。

のちに、歌人であり能書家の賀茂真淵が「高く直き心」と呼び、『古事記』を解読した国学者本居宣長が「真心」と呼びました。

この美意識を原点に生まれた言葉の中に、「もったいない」があります。

２００４年に環境分野で初のノーベル平和賞を受賞したケニア出身のワンガリ・マータイさんが、環境を守る世界共通語として「MOTTAINAI（もったいない）」を広めることを提唱しました。

このことも含め一般的には、「もったいない」という日本語を、「無駄になることが惜しい」という意味で理解している方が多いと思います。

「もったいない」を漢字で書くと「勿体ない」になります。

「勿体」の元の意味は、「物のあるべき姿、本来持つ価値、本質的なもの」です。つまり「勿体ない」とは、「本来の価値がなくなってしまう、または損なわれてしまう」ことを惜しむ言葉なのです。

日本人のあり方の原点「清き明き心」として考えるならば、「人は生まれながらにその身のうちに神様を宿し、美しく清らかな存在である」はずなのに、「異心（ことごころ）」に覆われてしまうのは「勿体ない」という意味になります。

標準装備として受け継いできている本来の価値や本質的なもの（＝勿体）を忘れたり、使わないのは、文字通りもったいないことなのです。

しかしこのような取りもどしたい日本人の感性は、全くなくなったわけではなく、私たちの日常の中に静かに眠っています。

たとえば、本来の価値を再生する「もったいない」文化を受け継ぐ、「金継ぎ」という日本独自の技法があります。

欠けた食器などを漆で継ぎ、金などで装飾を施して仕上げる、日本の伝統的な修繕方法です。

着物文化にもある、仕立て直してオリジナルよりも良くする表現力のことです。この「仕立て直す」は、日本人が最も得意とする「熟練の技」として世界に憧れと尊敬を受ける文化なのです。

金継ぎは今、日本を越えて、世界的にも人気を博しています。

ハイエンドファッションブランドが、金継ぎをテーマにした春夏のクチュールを発表したり、映画『スター・ウォーズ スカイウォーカーの夜明け』で、カイロ・レンの壊れたマスクが修復され、再び登場するシーンで、傷跡やヒビが赤いラインで縁取られていたのです。これは、「再生」というテーマで、日本の金継ぎにインスピレーションを受けたのだそうです。

一般社団法人日本金継ぎ協会は、「金継ぎがつなぐ美しい心を和の国から」というキャッチコピーで、和の国日本の文化を表現しています。

そして次のような素晴らしいメッセージを伝えてくれています。

人も器も不完全だからこそ美しい。
傷跡を隠すのではなく個性として受け入れ、
より輝いていける価値観を
金継ぎを通じて拡げていきます。

日本人の心に眠る最高価値観「清き明き心」は、現代においても形を変えて、世界を魅了するジャパンセンスとして輝きを放っているのです。

美しい日本語「慮る」

敷島の大和の国は
言霊の幸わう国ぞ
ま幸くありこそ

柿本人麻呂が『万葉集』に書いたこの歌の現代語訳は、「日本は言葉の霊力が物事をよい方向へ動かしてくれる国です。どうかご無事で」という意味になります。

遣唐使を送る際に、無事を祈るために送った歌だそうです。

日本語の音や形には、「言霊」という目に見えない力が秘められていると言われています。

日本人ではなくても日本語の中で生活を続けていると、言霊の影響を受けて日本人らしくなり、「ジャパンセンス」が芽生えるという話もあります。

映画『アナと雪の女王』の世界プロモーションで、主題歌を世界の歌姫が自国語で歌うというイベントがあり、日本は、松たか子さんが美しい日本語で歌いました。

世界中の言語で歌われた中で最も人気だったのは、どこの国だったでしょうか？

日本語バージョンの松たか子さんの歌唱だったのです。

意味がわからなくても、おそらく日本語の言霊パワーが伝わったのでしょう。

日本語に「慮る」という言葉があります。

この漢字を読めますでしょうか？

「配慮」「熟慮」「考慮」「遠慮」などに使われる「慮」という字なので「りょる？」。

正解は、「おもんぱかる」または「おもんばかる」と読みます。

もともと「おもいはかる」だったものが「おもんはかる」になり、音が濁って「おもんぱかる」となったようです。

「慮る」は「相手や周りのことをよく考える」という意味で、「思いを巡らせる」という意味です。

「遠慮」は現代においては主に、「他人に対して言葉や行動を慎み控えること」という意味で使われています。

上層部の意向を汲んで、過剰に配慮した行動をとるという「忖度（そんたく）」も、それに近い意味で使われています。

反対に、学校教育や社会人生活の中で、「遠慮」より「自己主張」のほうが必要とされ、「遠慮は日本人の悪しき習慣だ」「自分の主張は通すべき」といった西洋的教育を受け入れ、「遠慮するのは損だ」と考えるようにもなりました。

その結果、ＳＮＳなどでは匿名性を武器に、自分の権利を主張し、相手の責任を問い誹謗中傷するような行為が蔓延しています。

しかし本来の「慮る」の意味「思いを巡らせる」で言えば、「遠慮」とは「遠くを慮る」ことで、「将来のことまでよく考える」という意味なのです。

「慮る」という言葉の語源に思いを馳せると、私たち日本人が捨ててはいけない大切な心がそこにあるように思います。

本来の意味での「遠慮」という受け継ぐべき言霊で、大切な人の将来まで守り抜いたある青年のお話をしてみたいと思います。

未来を照らす手紙

その女性は、手のひらに乗るほどの小さな箱を箪笥から取り出すと、

「大切なものが入っているの」

そう言って微笑み、私の前へ静かに置いた。

見事な寄木細工の小箱だった。

一体、何が入れられているのだろう。

そっとふたを外してみると、タバコの吸殻がふたつ、綿に包まれて入っていた。

銘柄も判別できないほどに変色し、指で触れれば崩れてしまいそうな――。

「彼の唇に触れた唯一のものだから」

八十四歳になる伊達智恵子さんにとって、六十年以上も前の吸殻は、
婚約者であった穴沢利夫少尉（享年二十三）の遺品だったのである。

このような書き出しで始まる『知覧からの手紙』（水口文乃著／新潮文庫）を読んだ時、戦争という理不尽な状況の中で懸命に生きた日本人の魂に深い感動を覚えました。

穴沢利夫さんは、大正11（１９２２）年2月12日、福島県那麻郡（旧・会津藩）で生まれました。

幼い頃から読書好きだった利夫さんは、故郷に児童図書館を作ることが夢で、文部省図書館講習所を卒業。中央大学に進学しました。

お茶ノ水の東京医科歯科大学の図書館で働きながら、勉強しました。

その図書館に、昭和16年夏、図書館講習所の後輩たちが実習にやってきました。

その中に、後に婚約者となる孫田智恵子さんがいました。

これが、智恵子さんとの運命の出会いでした。

二人の交際は、昭和16年の暮れ頃から始まりますが、学生の男女がつきあうなどということは、はしたないこととされた時代でしたので、もっぱら手紙のやりとりばかりでした。

二人は結婚を望みましたが、利夫さんの郷里の兄は、都会の娘である智恵子さんとの結婚に反対しました。これにひきずられる形で、両親も結婚に反対でした。

時は大東亜戦争の真っ只中。

利夫さんは、昭和18年10月1日、戦時特例法によって大学を繰り上げ卒業し、陸軍特別操縦見習士官第一期生として、熊谷陸軍飛行学校相模教育隊に入隊しました。

智恵子様へ
僕が唯一最愛の女性として選んだ人があなたでなかったら、
こんなにも安らかな気持ちでゆくことはできないでせう。
どんなことがあっても、あなたならきつと
立派に強く生きてゆけるに違ひないと信じます。
昭和18年9月6日夜

昭和19年7月、サイパン島が陥落。

昭和19年10月、制空権、制海権を失った日本は、神風特別攻撃隊を編成します。

昭和19年12月8日、飛行第二四六戦隊に配属されていた利夫さんは、特別攻撃隊第二〇振武隊員に選抜されました。

昭和20年3月8日、隊長から特別休暇をもらって帰郷した利夫さんは、両親を説得し、ようやく智恵子さんとの結婚の許可を得ました。

大喜びの利夫さんは、翌9日には、さっそく東京の智恵子さんの家を訪ね、その報告をします。

そしてその日、目黒の親戚の家に泊まりました。

この日の未明、事件が起こります。

死者8万人以上、東京の3分の1を焼き尽くした3月10日の東京大空襲です。

智恵子さんの無事を心配する利夫さんは、まだ夜が開けないうちに親戚の家を飛び出し、智恵子さんの実家へと向かいました。

同じ時、利夫さんの身を案じる智恵子さんも、夜明けとともに目黒に歩いて向かいました。

二人はなんと、大鳥神社のあたりで、バッタリと出会うのです。

尋常ではない混乱の中、良縁のパワースポットと言われる大鳥神社の前で出会うとは、まさに運命の神様の存在を感じる出来事でした。

互いの生存を確認できた二人。智恵子さんは大宮の飛行場に帰る利夫さんを送るために、二人で国電に乗りこみます。

しかし電車は、空襲のあとで避難する人々が溢れかえり、池袋駅で智恵子さんはホームに押し出されてしまいました。

「東京は危ないぞ！　一日も早く身一つで来いよ！」利夫さんが叫びました。

これが、二人の最後の別れとなりました。

ひと月後、利夫さんから手紙が届きます。

二人で力を合わせて努めて来たが終に実を結ばずに終わった。
希望も持ちながらも心の一隅であんなにも恐れていた
〝時期を失する〟ということが実現してしまったのである。

去月十日、楽しみの日を胸に描きながら池袋の駅で別れたが、
帰隊直後、我が隊を直接取り巻く状況は急転した。
発信は当分禁止された。
転々と処を変えつつ多忙の毎日を送った。
そして今、晴れの出撃の日を迎えたのである。

便りを書きたい、書くことはうんとある。
然しそのどれもが今迄のあなたの厚情に
御礼を言う言葉以外の何物でもないことを知る。

あなたの御両親様、兄様、姉様、妹様、弟様、
みんないい人でした。

至らぬ自分にかけて下さった御親切、
全く月並の御礼の言葉では済み切れぬけれど
「ありがとうございました」と
最後の純一なる心底から言っておきます。

今は徒に過去に於ける長い交際のあとをたどりたくない。
問題は今後にあるのだから。
常に正しい判断をあなたの頭脳は与えて進ませてくれることと信ずる。
然しそれとは別個に、婚約をしてあった男性として、
散ってゆく男子として、女性であるあなたに少し言って征きたい。

「あなたの幸せを希う以外に何物もない」

「徒に過去の小義に拘るなかれ。

あなたは過去に生きるのではない」

「勇気をもって過去を忘れ、将来に新活面を見出すこと」

「あなたは今後の一時々々の現実の中に生きるのだ。

穴沢は現実の世界にはもう存在しない」

極めて抽象的に流れたかも知れぬが、
将来生起する具体的な場面々々に活かしてくれる様、
自分勝手な一方的な言葉ではないつもりである。
純客観的な立場に立って言うのである。
当地は既に桜も散り果てた。

大好きな嫩葉(わかば)の候(こう)が此処へは直に訪れることだろう。
今更何を言うかと自分でも考えるが、ちょっぴり欲を言って見たい。

一　読みたい本
「万葉」「句集」「道程」「一点鐘」「故郷」

二　観たい画
ラファエル「聖母子像」、芳崖「悲母観音」

三　智恵子　会いたい、話したい、無性に。

今後は明るく朗らかに。自分も負けずに朗らかに笑って征く。
昭20・4・12　　利夫
智恵子様

これが、穴沢利夫さんの最後の手紙となりました。

手紙の書かれた日付と、利夫さんの戦死の日付は、同じです。

おそらく、出撃の直前に、書かれたのでしょう。


「智恵子　会いたい、話したい、無性に」


この短い言葉の中に込められた純粋な未練を知った智恵子さんは、思い出に浸るばかりでなく、彼が目指していた家庭生活や読みたかった本を、心のうちに存在する利夫さんと一緒に経験していこうと決めました。

利夫さんが智恵子さんの未来を慮って言い残してくれた「明るく朗らかに」を実践する生き方を続けました。

戦後、智恵子さんは、出撃した時の利夫さんの様子を知る、当時女学生でなでしこ隊のリーダーだった永崎笙子さんと会うことができました。

永崎さんは日記にその時のことを書き残していました。

桜を振って見送る知覧高女の女生徒たちに軽く手を振り
微笑みを返して出撃してゆく穴沢少尉の隼機、
二〇振武隊の穴沢機が目の前を行き過ぎる。
一生懸命お別れのさくら花を振ると、
にっこり笑つた鉢巻き姿の穴沢さんが何回と敬礼なさる。
パチリ。後を振り向くと映画の小父さんが私たちをうつしてゐる。
特攻機が全部出て行つてしまふと、
ぼんやりたたずみ南の空を何時までも見てゐる自分だった。
何時か目には涙が溢れ出てゐた。

「穴沢さんが一番機として出発線にいらした時に、すぐにわかったので、声をかけたら、こちらを見て、にっこりと笑ってくださったのです」

利夫さんの遺書に書かれた「自分も負けずに、朗らかに笑って征く」の通りだったのです。

智恵子さんは、利夫さんとの面会の折に、「いつも一緒にいたい」との想いから、自分の巻いていた薄紫色のマフラーを手渡していました。

利夫さんは、その智恵子さんの女物のマフラーを首に巻いて出撃しました。

この出撃の時の写真が残っていて、マフラーが首に二重に巻かれているので、他の隊員よりもマフラーが膨らんでいるのがわかります。

愛する利夫さんを失った智恵子さんは、悲嘆の底に沈みます。

その智恵子さんの生きる支えとなったのは、利夫さんの入隊二週間前の日記だったそうです。

智恵子よ、幸福であれ。
真に他人を愛し得た人間ほど、幸福なものはない。
自分の将来は、自分にとって最も尊い気持ちであるところの、
あなたの多幸を祈る気持のみによって満たされるだろう。

智恵子さんは、戦後10年間独身を通しました。

二人の大切な宝物を守るために、決して誰の取材にも応じなかったそうです。

しかし、移り変わる世の中を見て、移り変わる人の心を見て、自分たちの背負わされた人生を語る必要があるとして、手紙を公開することを決めたのです。

智恵子さんは取材の中でこう答えました。

「最近は、戦争が美談とされることもあるし、特攻隊を勇ましいと憧れを持つ人もいる。でも、私たちは戦争がいかに悲惨なものかを知っています。

間違った事実が伝わらないように、今話しておかないと、と思ったのです。

あの時代を生きて、身をもって体験したことを語る人は、毎年少なくなっている。

長く生かされていることに何らかの使命が課せられているとしたら、それは語り部の役割かもしれませんね」

穴沢利夫さんが智恵子さんの未来まで慮った手紙に書かれた通り、智恵子さんは戦後の混乱の中も含め、自分の人生を生き抜き、２０１３年5月31日に、90歳で天寿を全うし、穴沢さんのいる天国へと旅立ちました。

智恵子さんの言うように、戦争など絶対に美化してはいけません。

どれだけ多くの人たちの涙があったのか。

どれだけ多くの人たちの苦しみがあったのか。

どれだけ多くの人たちの命が捧げられたのか。

しかしまた、戦争が悪い、軍隊が悪いという日本弱体化の戦後教育に洗脳されてはいけないのです。戦わざるを得なかった極限の環境の中で、ひたすらに大切な人を、国を、家族を守るという彼らの心の中にこそ美しさがあります。

この物語が私たちの心に届く時、若くして人生を閉じた彼らの命が、早すぎた死ではなくなるのです。

マレーシアのG・シェフエー外相は、当時の真実を次のように語ってくれました。

「日本以外の方は、特攻隊員が洗脳されたり、狂信的なものと想像することでしょう。彼らの遺書を読めば、狂信者とは程遠い存在であることがわかります。彼らが守りたかったのは母であり、妻であり、愛する家族だったのです」

穴沢さんが智恵子さんへ示した純粋な愛は、大切な人を慮り、未来をも照らす灯りとなりました。

近年、日本人に大変多く存在しているという「YAP遺伝子」というものが発見されました。

YAP遺伝子は別名「親切遺伝子」とも呼ばれており、他人に尽くす遺伝子なのだそうです。

日本人は、世界でも稀な存在の、真に他人を愛せる遺伝子を有する誇り高い民族なのです。

穴沢利夫さんが託してくれた「遠慮の心」というジャパンセンスを恩贈りしていくことが、未来に生きる私たちの大切な使命の一つなのだと思うのです。

商人道

JAPAN ECONOMICS

ジャパンリメンバー
日本人が兼ね備えていた価値観
それは共に栄えていく感動知性
競争から和へ、成長から成熟へ
最先端となるビジネスの王道

名経営者に影響を与えた江戸の商人道

渋沢栄一の「論語と算盤」、松下幸之助の「社会貢献が使命、その報酬が利益」。多くの名経営者が掲げる「道徳と経済の両立」の理念を、江戸時代中期八代将軍徳川吉宗の時、日本で初めて全国に広めた思想家がいました。

商人出身の石田梅岩（いしだばいがん）。

丹波（京都府）の農家に次男として生まれ、京都の商家や呉服屋に奉公しながら神道・儒教・仏教などを学び、「石門心学（せきもんしんがく）」として後世に遺された彼の思想体系は、現代にも十分通用する「経営の本質」をつくものでもありました。

20年間働いた呉服屋では、丁稚から手代、番頭まで出世した後、退職します。

その理由は、働きながら培った自分の思想と哲学を、講義という形で人に伝えるためでした。45歳になった時に梅岩は、自宅の一間を教室にして無料の講義を始めました。

無名の元商人の講義。さすがに初めの頃は誰一人集まらなかったそうです。

それでも梅岩は熱い思いを胸に講義を開き続けました。

もし聞く人なくば、鈴を振り町々を巡りてなりとも、
人に人たる道を勧めたい。

聴く人が聴けばその本物のコンテンツの素晴らしさはわかりますので、徐々に（おそらく口コミで）人が集まりだしました。

『都鄙問答（とひもんどう）』（1739年）と『倹約斉家論（けんやくせいかろん）』（1744年）の2冊の本を出し、その評判は広がっていきました。

実は私は、この梅岩のストーリーに大変共感をしたと同時に、不思議なご縁を感じました。

私も40代後半まで会社勤めをしていて、その間に仕事以外の場で様々な思考や哲学を学び、その成果をもって会社のV字回復に貢献することができました。

私が構築した「感動創造」の哲学を世に広めたいという熱い想いが芽生え、会社を辞め、講師として独立したのです。

梅岩と同じように最初は無名の元会社員の話など聞きに来る人は少なかったのですが、講演を聴いた人からの口コミで徐々に人が集まりだしたのです。

その噂を聞いた出版社の社長と不思議なご縁で出会い本を出版、ベストセラーになり、世に出ることになったのです。

また梅岩は、儒学や仏教、神道や老荘思想などを分け隔てなく用いました。

あらゆる学問や宗教はすべて「道具」であり、心を磨く道具になりそうなものは区別なく用いるとしたのです。

このアプローチも、私も同じように様々な学問や哲学や思想の一切合切を、感動創造のための大切な「道具」として活用していたので大変共感するのです。

そして最も驚いた共時性は、梅岩の誕生日と私の誕生日が同じ日だったことです。

石門心学を教える心学講舎は、梅岩亡き後にも弟子たちの活躍で、千七百年代半ばから幕末までの百年余で、45カ国、百七十三カ所に設立されました。

商人をはじめ町人、農民から武士、大名に至るまで、幅広くその教えを熱心に学びました。

不正な手段で儲けることを厳しく戒め、「正直な商人道」を貫くようにと説いたその教えは、ビジネスのやり方だけではなく、毎日の仕事に大きな意味を付与してくれるものでもありました。

日常のあらゆる行為の意味を考えさせ、その一つひとつを確かなものとし、人々に尊厳を与えたのです。

人々は道徳的な向上を遂げ、感情と行為に自信を持ち、人間関係を穏やかにすることに努めました。

仕事の成果も上がり、勤勉で倹約に努めた正直な商人には、予想もしていなかった財産がなされていることさえありました。

『都鄙問答』は松下幸之助氏が座右の書とし、「経営や仕事に行き詰まったら読みなはれ」と他の人にも勧めていました。

また、京セラ創業者の稲盛和夫氏も、「石田梅岩が私に与えてくれたものは計り知れない」と述べ、福沢諭吉や渋沢栄一にも大きな影響を与えたと言われています。

識字率がまだ低かった当時、口述によって、身分、男女の差なく、誰でも無料で石門心学を学ぶことができました。

それまで学問というのは一部の上流階級のものであり、これだけ民衆に広く伝わった思想は日本の歴史上初めてのことでした。

幕末前後に日本を訪れた西洋人たちが、彼らが想像していたのと大いに異なり、日本が相当高い技術力を持ち、優れた経済システムを構築していたと記録していて、異口同音に、この国が間もなく欧米のライバルになることを予言していました。

日本は江戸時代の間に、ものすごい進化を遂げていたのです。

しかもその力の源は庶民で、清潔で高い道徳意識を持ち、勤勉で正直だった日本人だったのです。

米国の社会学者、ロバート・N・ベラーは、著書『徳川時代の宗教』の中で、明治時代に日本が急速な近代化を果たすことができた要因として、石門心学の存在を挙げています。

心を尽くして性を知り、性を知れば天を知る。

梅岩は人間の本性について、徹底的に考え抜きました。

性とは、人間の本性であり、誰もが生来備えているもの、つまり人間の標準装備です。学問によって様々な雑念を取り払い、本性に至ることとは、個を超越し、利己主義を放棄することにつながる。

自己の利益に心がとらわれている間は、道徳的に稚拙な段階だとみなしたのです。

自らの精神で利己主義を抑え、常に天下、公の福利を願い、
その実現につながる行いに励むことが人間の本性である。

石門心学はそれを実現するために、「正直、勤勉、倹約」を重んじました。1950年に岩波書店から出版された哲学者西田幾多郎の『善の研究』の中に次のような言葉があります。

花が花の本性を現じたる時最も美なるが如く、
人間が人間の本性を現じたる時は美の頂上に達するのである。

西田幾多郎が石田梅岩の影響を受けていたかどうかは定かではありませんが、戦前の教科書には二宮尊徳と共に石田梅岩が載っていましたし、同じ京都を舞台に活躍したことを思えば、時代を超えたその哲学的共演の可能性に夢が拡がります。

仕事を成功に導く3つの徳

正直

石田梅岩は、商いにおける「正直」の必要性を繰り返し強調しています。

正直に利益を得ることから繁栄がもたらされ、
不正な利益を得ることから破滅が導かれる。
正直であることで、人から信用され、
信用されることで、仕事は成功に向かう。

自己の内面のモラルに照らして、それに反することとは、たとえ法に違反しないことであってもしてはならない、と説きました。
「士農工商」はその職分において平等であること、また道徳も身分や職分で変わりがないこと、商いの利益は武士の俸禄と同じで正当なものであることなどを、厳しい幕府政治の中、危険を顧みず主張したことは、商人の社会的な役割の自覚・自信につながりました。

このような正直が行われるならば、
世間全体が仲良くなり、人々が皆兄弟のようになる。
私の願うところは、世の人々がこのような社会を創り上げることだ。

西洋における善悪の判断基準は、神や法など「外部」にあります。
それに対し日本人は「人はごまかせても、自分の心はごまかせない」というように、自分の心の中に「ものさし」を持っています。「お天道様は見ている」という心の基準。

梅岩が伝えた日本人特有の「正直さ」は、日本人の集合意識として現代に至るまで受け継がれているように思えます。「正直な商人道」を貫くようにと説いたその教えは「日本のＣＳＲ（企業の社会的責任）の原点」として高く評価されています。

勤勉

勤勉によってもたらされる安楽こそ、労働から得られる最上の喜び。

梅岩は、働くことの意義や目的を、報酬ではなく「心の安らかさ」を得ることに置いていました。

これは、労働は苦役であり休暇や家族との時間で安らぎを得る、という欧米の労働観とは全く異質のものでした。

日本人にとって労働や勤勉は、世間や周囲の人の役に立つものであり、そのことに喜びを見いだす。梅岩はそのように考えたのです。
働くこと、勤勉さの中に「心の安らぎ」を求めるという、日本人特有の労働観のルーツになったのです。
現代でもよく聞く「働くとは傍(はた)を楽にすること」という言葉とつながります。

自分が置かれた状況で励むことが、
自分の本性を知るための修養になる。
どんな状況であっても、それに不満を言わず、
適切な行動を実践することで、
心を磨いていくことができる。

修養を積むことで、自分の本性に近づいているという満足感・幸福感を得て、日常の仕事に取り組む意欲が湧いたであろうことが推測されます。

戦災・天災にあってもただ嘆いたり、不満を言ったりせず、復興に向けて一歩ずつ努力する日本人の気質は、梅岩の思想と無意識のうちにつながっているのではないでしょうか。

倹約

梅岩の言う倹約とは、私欲のためのものではなく、倹約することで生まれた余剰を世間のために使うことでした。

そのような倹約を常日頃から心がけていれば、人間が本来持っている正直という徳を取り戻すことができる、と梅岩は説いたのです。

> **自分のために物事を節約することではない。**
> **世界のために、従来は三つ必要だったものを**
> **二つで済ませるようにすることを倹約と言うのである。**

正直から出た倹約は、人を助ける倹約である。

梅岩が言う倹約とは、清貧の思想ではなく、言ってみれば清富の思想です。社会のために役立てるのならば、それが清い富なら、富はいくらあっても良いという教えです。

金銀は天下のお宝なり。
銘々は世を互いにし、救い助くる役人なりと
知らるると見えたり。

金銀は天下の財宝である。その財宝のすべては社会に行き渡って人びとを助ける役人の役割を持っているという発想です。

貧しくては富を社会に還元することもできない。財があれば人助けという清い行いが可能になる。

だから人のため社会のために役立てるのであれば、富や財もあるにこしたことはないと。

梅岩は、「倹約の大意如何（倹約の大意は何か）」と弟子に問われた時、「万事物の法に随うのみ」と答えました。「物の法」とはあらゆる事物がおのずと持っている性質や価値のことです。

自然に存在するすべての物には、それぞれに特有の性質、能力、効用、価値などがあらかじめ付されている。

その物自体が持つ本質をしっかり把握し、大事にし、最大限に活かすことが最善の倹約法である、と答えたのです。

かつて日本人が持っていた、そして今の日本人が忘れてしまった経済哲学です。

本書で伝えている「標準装備」と意味を同じくするのです。

アメリカ合衆国建国の父と言われる、ベンジャミン・フランクリンは、「富に至る道は、徳に足る道」と言い、近代経済学の父、アダム・スミスは、著書『道徳的経済論』の中で、「財産への道とは、富や地位、名声など、人から見えやすいものを希求する道のことであり、徳への道とは、英知や親切、愛といった、人から見えにくいものへと向かう道」と書きました。

石田梅岩は、ベンジャミン・フランクリンより20年早く、アダム・スミスより40年早く生まれています。

全く交流も接点もなかった世界的偉人よりもはるかに早い段階で、この経済と商売の真理に到達し、広く庶民に伝えていたのです。

自他感動を実現する商人道

まことの商人は、先も立ち、我も立つことを思うなり。

石田梅岩の3つの徳の「正直」に属する教えですが、これは特筆すべきビジネスセンスですので、改めて解説します。

現代で言う「顧客満足」のように聞こえますが、「先も立ち、我も立つ」に注目してください。顧客だけでなく売り手側も立つ。

つまり売り手買い手両者が繁盛する、成功する、幸福になるという意味です。

売り手側と買い手側を二項対立的に分け、買い手側にいかに多くお金を払ってもらうのかを、マーケティングなどの調査分析手段を駆使して行う欧米流に対して、売り手買い手を融合させて、共に満足や感動を共有するために、その場を創るのが日本流の商売の原点、梅岩の言う「まことの商人」なのです。

この時代にこの概念を唱えた梅岩の慧眼には驚くばかりです。

「まことの商人は、先も立ち、我も立つことを思うなり」とは、現代において「おもてなし」という日本流サービスとして受け継がれているのです。

商人の道を知らないものは、私欲に走って、
ついには家までも亡ぼしてしまう。
しかし、商人の道を知れば、
私欲の心を離れ、仁のこころを持ち
商人道に合った仕事をして繁盛する。
それが学問の徳というものである。

商人の道。梅岩の言うこの道は、商売のノウハウを超えた哲学や人間学が融合した「仁のこころ」すなわち「愛の道」を歩み繁盛するルートなのです。

私はこの状態を「自他感動」と呼んでいます。

茶道で言う「主客一体」。

「主客一体」とは、主人と客人が対等の関係で、お互いに啓発しながらその場を創造することです。

世阿弥が花伝書に書いた「一座建立」も同じ意味です。演者と観客が一体となった時間と空間を創ることです。

作家の井上靖氏は「一座建立」を次のように表現しました。

「一座建立という言葉は、何となく馴染みにくい難しい内容を持った言葉のように聞こえるが、決してそういうものではなく、お茶の世界の楽しさも、純粋さも、高さも、その一座に居合わせた者が、互いに相手を尊敬し、心を合わせ、何刻かの心和んだ高い時間を共有しようという気持ちが合って、初めて生み出すことができるものに他ならない。そういう意味であろうと思う」(『井上靖エッセイ全集第2巻 一座建立』学習研究社)

現代演劇で言うと「第三舞台」。

劇作家の鴻上尚史さんが立ち上げた劇団の名前で、第一の舞台がキャストとスタッフが創る舞台、第二の舞台は観客席、第三の舞台とは、第一と第二が融合して生まれる幻の感動の舞台のことです。

松下幸之助が松下電器（現パナソニック）社長時代、新商品を出すかどうかを決める時に部下に質問した言葉が、この教えを素敵に表現しています。

その商品は社員が喜びますか？

その商品はお客さんが喜びますか？

その商品は儲かりますか？

この順番で聞いたと言います。

「まことの商人は、先も立ち、我も立つことを思うなり」

自他感動とは、情緒的満足を超えた日本的商売の原点なのです。

引き継がれるおもてなし文化

梅岩の生きた時代に開業した創業335年（元禄2年の創業）のお店があります。京都の高級麩料理店「半兵衛麸」です。

3代目が梅岩の石門心学を学び、門弟にまでなりました。

家訓は二つ。一つ目は「先義後利」。

義を重んじて、利は後とするという、商いの利益よりも優先すべきは人の道という、商人としての心構えを説いたものです。

二つ目の家訓は「不易流行」。

受け継がれてきた家の伝統は守りながらも、時代に合わせて新しいものも取り入れていくことを教えています。

半兵衛麸のホームページには、次のように書かれています。

「不易」とは変わらないもの、「流行」とは移り変わるもの。

半兵衛麸が代々受け継いできた宮中での技を祖とする製法、商いの精神に誇りをもって、本質を変えることなく、時代の移り変わりに合わせて技術やサービスを発展させていく。

いつの時代もどうしたらお客様に喜んでいただけるかを考えてまいります。


半兵衛麸では、「老舗」という漢字を使いません。

「老いた舗」になってはならない、
常に「新しい舗（しんみせ）」の気持ちを持って、新しいことに挑戦し、活気あふれるお商売をしなければならないとの訓えがあります。

また、「新（しん）」以外にも、「信」「心」「進」「親」「慎」…。

いろんな意味を込めて「しにせ」になりたいと思っています。

第二次世界大戦で、主原料の小麦が手に入らなくなり、軍需用の供出で金属製の鍋釜等を失っても、十代目四郎之助は、正直、勤勉、倹約の石門心学の教え「三徳」を守り、闇の小麦には手を出さず、半兵衛麸は商いの正道を貫きました。

石門心学は、江戸時代という今とは違う特殊な環境でだけ役に立ったのではなく、その教えは時を越えて現代に至るまで、持続可能なビジネスの道を照らし続けているのです。

石門心学の教えと精神は、現代では東京オリンピックの招致プレゼンテーションで世界的に知られた「おもてなし」という日本のサービス文化に受け継がれているように思えます。

おもてなしの語源は諸説あり真偽のほどは不明ですが、私は「表裏なし」、つまり大切な友人や家族に接するように「おもてうらなし」で仕事をする正直で勤勉な日本人の仕事スタイルに受け継がれているように思えるのです。

現代において石田梅岩の心学を彷彿とさせる「おもてなし」で世界中を虜にした日本の組織があります。

株式会社ＪＲ東日本テクノハートＴＥＳＳＥＩ（通称テッセイ）。

たった７分間で新幹線をきれいに掃除してしまうその姿は、ＣＮＮの番組で「7 minutes miracle（７分間の奇跡）」と呼ばれ絶賛され、ハーバードビジネススクールＭＢＡで教材として取り上げられました。

その新幹線の清掃チームを、感動のおもてなし集団へ変えたのは、矢部輝夫さんという方が、ＴＥＳＳＥＩのおもてなし創造部長という役職に付いていた時に取り組まれたプロジェクトでした。

新幹線が折り返して発車するまでの時間は12分、そこから2分間の降車時間、次のお客様の乗車時間3分間を引くと、掃除に使える時間は7分間しかありません。

その時間内に、座席の下や物入れにたまったゴミをかき集め、座席の向きを進行方向に戻し、１００席すべてのテーブルを拭き、窓のブラインドを上げ、窓枠を拭き、座席カバーを交換し、忘れ物をチェックし、壊れている箇所が見つかったらＪＲへの連絡と対応を施し、汚物を掃除し、集めたゴミをまとめて出すという仕事をやり切るのです。

掃除だけでなく、担当車両が入線する3分前までにホームに到着し、列車が来る方向に向かって一列に整列しお辞儀をして迎えます。

清掃終了時も整列してお客様に向かって一礼します。

実際に私も何度も見かけたことがありますが、その光景は日本人の礼の美しさを感じさせる、とても気持ちのいいものでした。

しかしそのプロセスは、決して順風満帆ではありませんでした。

矢部輝夫さんは、社員の定着率も低く、事故やクレームも多かった3Ｋ（きつい、汚い、危険）とも呼ばれ、ＪＲ東日本の子会社のうちの最下位ランクの位置付けだった新幹線清掃の会社を、まさに名演出家のように、新3Ｋ（感動、感激、感謝）の会社に変えていきました。

まず仕事場を、お客様とスタッフがシーンを共有するステージとしてとらえ、「新幹線劇場」という名称を用いました。スタッフが言い出したこのネーミングを矢部さんが即座に採用したそうです。

そしてなんといっても、スタッフが変わった一番の名シーンは、矢部さんが言い続けた次の言葉でした。

「失礼だがみなさんは、社会の川上から流れ着いて今、テッセイという川下にいる。でも、川下と卑下しないでほしい。皆さんがお掃除をしないと新幹線は動けないのです。だからみなさんは、掃除のおばちゃん、おじちゃんじゃない。世界最高の技術を誇るJR東日本の新幹線のメンテナンスを、清掃という面から支える技術者なんだ」

「みんなの仕事は清掃業ではなく、もともとサービス業なんだ」

「テッセイの商品は、掃除だけではなく『旅の想い出』だ。出会いを『思い出』というお土産に変えよう」

「お客様は神様ではなく、お客様がスタッフと一緒にサービス、おもてなしを創り上げていく。それが『新幹線劇場』だ」

旅の思い出を提供するのだから、お客様に掃除をしていると感じさせないようにとの配慮で、制服を変えたり、スタッフの提案で「おそうじ中」の案内を「ご乗車準備中」に変更したりと、会社側とスタッフ側が一体となって意図を現実化する工夫と実践を続けました。

3K（きつい、汚い、危険）の最低の職場から、新3K（感動、感激、感謝）の会社に変えたのは、矢部さんが言い続けた言葉でスタッフ各自が持つ「本性（ほんせい）」にアクセスし、正直、勤勉、倹約の石門心学的仕事観に変容できたからのように見えるのです。

もちろん矢部さんが石門心学を学んでいたわけではありませんが、結果として日本人のDNAの中に眠るジャパンセンスを起動させたのではないかと思います。

かつての日本人が持っていて、現代では忘れてしまった仕事の哲学の一つ、それがおもてなし文化なのです。

永遠の客をつくる

江戸時代、滋賀県の琵琶湖南東に位置する近江地方に「近江商人」と呼ばれる商人たちがいました。

天平棒(てんびんぼう)を担いで、地元の名産品を他の地方で販売し、帰りはその地方の名産品を買い付け地元に戻って販売するという独特の商法で、実に合理的な商売をしていたようです。

「売り手よし、買い手よし、世間よし」の「三方よし」という経営理念を持ち、「天秤棒一本で千両を稼ぐ」と言われ、数多くの成功者が出ています。

売り手買い手の当事者だけでなく、「世間よし」という現代のＣＳＲ（企業の社会的責任）にも通じる見事なバランス感覚を持っていました。

近江商人の流れをくむと言われる主な企業には、伊藤忠商事、丸紅、トーメン、高島屋、大丸、西武、日清紡、東洋紡、日本生命、ヤンマーディーゼル、トヨタ、西武グループ、ワコール等など数々の老舗企業があります。

日本の商売文化の原点ともいえる近江商人の知恵は、「商売10訓」の中に凝縮して表現されています（諸説あり）。

一．商売は世のため、人のための奉仕にして、利益はその当然の報酬なり。

二．店の大小よりも場所の良否、場所の良否よりも品の如何。

三．売る前のお世辞より売った後の奉仕、これこそ永遠の客をつくる。

四．資金の少なきを憂うるなかれ、信用の足らざるを憂うべし。

五．無理に売るな、客の好むものも売るな、客のためになるものを売れ。

六．良き品を売ることは善なり、良き品を広告して多く売ることはさらに善なり。

七．紙一枚でも景品はお客を喜ばせる。

つけてあげられるもののない時は笑顔を景品にせよ。

八．正礼を守れ、値引きは却って気持ちを悪くするくらいが落ちだ。
九．今日の損益を常に考えよ。
今日の損益を明らかにしないでは寝につかぬ習慣にせよ。
十．商売には好況、不況はない。いずれにしても儲けねばならぬ。

十訓どれもが現代のビジネスにそのまま活かせる素晴らしい知恵ですが、本書では、感動知性として実践したいジャパンセンスとして、一、三、四、五、七の5つの教訓を解説します。

商売は世のため、人のための奉仕にして、利益はその当然の報酬なり

近江商人の取引における基本的な立場は、自分の都合や勝手だけを優先させず、自他ともに成り立つことを考えるという態度を重視したようです。
この教訓は重要な2つのことを教えてくれています。

1つは、利益を得る順番は、まず「世のため人のため」によいことをすること。そうして得た「信用」「信頼」が、自分の所へ利益を引き寄せてくるという考え方です。

2つ目は、利益を得ることは「当然の」報酬という潔さ。

「金儲けは悪いこと」というような間違った認識が、ビジネスの発展を阻むことが少なくありません。

売る前のお世辞より売った後の奉仕、これこそ永遠の客をつくる

買い手側の立場に立てば、この言葉の素晴らしさが心からわかるのですが、なぜか売り手側に立つと忘れがちな態度です。

「売りっぱなし」というパターンは、お客さまを失うだけでなく、これからお客さまになるはずだった多くの潜在顧客をも失う確率を高めてしまいます。

売った後までしっかりフォローし、信頼と絆で結ばれている、たとえば車のディーラーのセールスパーソンなどは、転勤で勤務場所が移っても、可能ならついていくお

客さまが多いということです。

売る前のどんな言葉より、売った後の心のこもった一言や行動が、永遠の客をつくるのです。

「永遠の客」。

創業100年200年企業が世界ダントツ1位の理由の重要な秘訣がこの言葉に集約されています。

資金の少なきを憂うるなかれ、信用の足らざるを憂うべし

規模や資金の大きさではなく、お客さまからの信用・信頼こそ最高の経営資源。初めて訪れる行商先の人々に何度もリピートしてもらうために、近江商人は「正直さ」という最強の手段を使って信用という目に見えない財産を築いていきました。

売るためだけのテクニックで売れたとしても、その商品やサービスの品質が言うほど高くなかった場合、それは売れば売るほど信頼を失うことになります。

私が「感動」というテーマを追いかけるきっかけを提供してくれた劇作家つかこうへいさんは、日頃役者たちに次のように言っていました。

「わざわざお金を払って観に来てくれるお客さんが、劇場から出ていく時に、また明日から希望持って元気に生きて行こうって思ってもらうのが俺たちの仕事なんだ」

「役者ってのは、Ｆ１カーみたいなもんだ。公道では決して走れない車がフルスロットルで走るのを見て、観客は興奮して観てくれるのだ」

演劇という商売は、役者がその存在を研ぎ澄まし、フルスロットルのエネルギーで日常を超えるドラマを生み出しお客さんを元気にする。

それが、信用や信頼を築いていく唯一の手段。体一つで森羅万象の世界を表現し、人の心に感動の花を咲かせる演劇人。

舞台上で真剣勝負で観客と接する演劇人と、商売という舞台で高い基準で誠心誠意お客さんと接する近江商人は、その一点でとても似ている存在なのではないかと私は思います。

無理に売るな、客の好むものも売るな、客のためになるものを売れ

無理に売れば客は離れるということはわかりやすいと思いますが、近江商人の教えは、「客の好むものも売るな」と言います。

ニーズを調査してそれを売るのが顧客満足ビジネスと言われてきたわけですから、好むものを売るのがなぜ悪い？

「自分が何を欲しいかなんて、それを見せられるまでわからないことが多いものだ」

と言ったのは、アップルのスティーブ・ジョブス氏。

ファンを虜にするアップルの製品の特徴を見事に現す言葉ですが、近江商人が言うレベルに非常に近いと私は思います。

満足ではなく、感動を感じていただくには、予定調和ではなくそこに想像を超える「ドラマ」が必要なのです。

客の好むものを売るよりも、客のためになるものを売るという優先順位が意味する美学は、結果としてお客さまの日常にワンランク上のドラマを生み出すことになるのです。

顧客を重視することから始まった顧客満足という素晴らしいアプローチが、いつしか「顧客迎合」になりやすくなってしまったのは、売り手側が「客の好み」という表面的であいまいなニーズにつきあってしまった結果なのです。

消費の選択肢があまりにも多くなってしまった現代において、本当に欲しいものを見失っている人は少なくありません。

「客のためになるものを売る」

この基本にして時代を超えたビジネスの知恵を、私自身も持ち続けています。

講演の内容も、企業の好みそうなものではなく、企業に役に立つもの、意味のあるものを厳選して届けるようにしています。

すぐに売り上げが上がりそうな表面的なテクニックではなく、企業価値が上がるような本質的な知恵と何年も使える知性とスキルをお伝えするように努めています。

もちろんそれを実践するには、何が本当に相手の役に立つのかを洞察する日頃の情報収集と自分自身の研鑽が欠かせないのは言うまでもありません。

紙一枚でも景品はお客を喜ばせる。つけてあげられるもののない時は笑顔を景品にせよ

お金は使えば使うほど減りますが、景品（ギフト）をあげればあげるほど「感謝と恩義」が増えていきます。

笑顔は、周りの人を幸せにする感動知性の基本表現力です。ほんの少し表情筋を動かすだけでできる笑顔というギフトを贈りましょう。

笑顔が美しい人は、美しい日常を送っている人です。

仕事の美学

前述した創業100年200年企業が世界ダントツの日本の持続可能なビジネスを可能にしてきたものは、戦後生まれた日本的経営よりはるか以前から存在した、日本人の心に存在する「美学というセンス」です。

売りつけるために次から次へと新しいテクニックを使うカメレオンのような相手から何かを買おうとする人はめったにいません。

一貫した軸を持つ信頼できる相手から購入したい、信頼できればリピートもするし、人に紹介したいとも思います。

ビジネスに信頼と絆を求める世界的潮流の中で、自分自身や企業組織をかけがえのないブランドとして確立するための感動創造の源としての美学。

情感に溢れた人肌のぬくもりがある日本的美学は、心が乾いている現代において、ビジネスに革命をもたらす知性として見直される絶好の機会を迎えています。

儲けるという漢字は、「信者」という字が横につながっています。

儲けるためには「信者」、つまり「ファン」をつくるという知恵が隠されているのではないでしょうか。

ファンが増えれば儲かるという商売の美学は、古今東西不変の真理です。

日本人が持つ仕事の美学は、危機の中でこそ目覚めることがあります。


２０１１年3月11日、東日本大震災という大災害が起こりました。

あれほどの危機の中、暴動も略奪も起こらず秩序を保ち、他者への気遣いや思いやりを見せる日本人の振る舞いが世界に配信され、驚愕と感動が巻き起こりました。

未曽有の災害の中で日本人の精神が世界に感動を与えたのです。

あの時輝いた日本精神は、危機の中でこそ眠っていたＤＮＡが目覚めるのだということを思い出させてくれました。

受け継がれてきた日本人のスピリットは、私たち一人ひとりの内側にあるのだと。

今も違う形での閉塞感漂う危機の中の日本。
大切なことを思い出すために、拙著『ドラマ思考のススメ』という著作に書いた当時のエピソードを紹介したいと思います。

2011年3月11日、世界を震撼させた東日本大震災が、福島県いわき市の街を襲いました。
地震と津波と原発事故と風評被害の四重苦の中で、
必死に立ち上がろうと模索する人たちの中に、
あのフラガールたちもいました。
「あの時のように笑顔で踊ろう」
自ら被災しながらも踊り続けることを決意した
フラガールたちは「全国きずなキャラバン」へと向かいました。
炭鉱閉山の危機の中、開業前年に行った先輩フラガールたちによる
全国キャラバンを、現代のフラガールたちが46年ぶりに復活させたのです。

ちょうど東京公演の時に、偶然私はその場に立ち会っていました。新宿高島屋の特設会場で、涙を浮かべながら踊るフラガールの姿は、本当に感動的でした。

震災からしばらく経過したある日、インターネットで情報収集していた私は、震災の日に偶然スパリゾートハワイアンズに家族と旅行に来ていたという、『週刊スパ！』の記者の方が被災したレポート記事を見つけました。

「知らない土地、さらには水着のままの避難という、非日常的な状況下での悲劇ではあったが、ここで被災したことは不幸中の幸いだったのだと、今にして思う。それも、特上の」という書き出しで始まるその記事は、私の心を釘付けにしました。

家族や友人知人が被災しているかもしれない緊急事態の中、スタッフの方々は施設に残り、利用者のために誠心誠意職務を全うし、体だけでなく心をも救ってくれたというレポートでした。

水着の人にはタオルを、寒さに震える人には防寒具を、座りたい人には毛布を、どこからか持ってきて渡す。

慣れない場所で被災し、怯えるほかない利用者たちにとって、それはまさに〝奇跡〟のように見えたそうです。

そして圧巻のシーンは震災から3日後の朝6時に起こりました。朝食が始まり、ひと段落したところで、支配人が拡声器を片手に静かに話し始めました。
「本日、皆さんを東京駅までお送りできることがわかりました」
満場の拍手が沸き起こる。その中でさらに支配人は続ける。

「昨日、弊社の従業員を実際に東京駅に向かわせたところ、〝走行可能〟という判断を下しました」

その瞬間、巨大な拍手が会場を包んだそうです。常識では考えられないほどの大きな余震が続くなか、被災した「お客様」のために、スタッフが東京までの帰宅経路を検証したのです。その経路片道12時間。

「それは、命がけの行為だ。拍手で手が痛い。ジンジンと響き、熱くなる手のひらを見つめ、記者はこの時、拍手には大小のみならず軽重があることを知った」

後日、記事を書いた記者の方にお話を聞く機会をいただき、まさにギリギリの状況の中で行われたスタッフたちの言行一致の行為をたくさんお聞きしました。

バスが東京へ向けて出発する時、スパリゾートハワイアンズの人たちは、バスの道中に、水や食料を買う店が閉まっていることを心配して、ありったけの飲み物とお菓子などをダンボールでバスに積み込んでくれたこと。

目的地は東京駅までという約束の中、バスの運転手さんが被災者の希望の場所でバスを止めてくれたことなど。

その行為は、最後の印象を良くしてまた来てもらおうということではなく、二度と会わないかもしれない人たちへも、心からのおもてなしをしたかっただけなのだと思います。

想像を超える危機の中でも、そこにいたスタッフ全員が、持ち場の主役として、お客様のために何ができるかを考え、どうすればお客様をご自宅へ安全に送り届けられるかだけを考え動いたことで生まれた奇跡のドラマ。

目の前の人に心を込めて最善を尽くしたスタッフたちの行為は、人が本来持つ優しさという宝物を思い出すきっかけとなりました。

震災後の半年間の休業中も、スパリゾートハワイアンズの運営会社である常磐興産会長の斎藤一彦氏は、「正社員の解雇は絶対にしない」という想いを貫き、社員に給料を払い続け、復活1年で来場者数を震災前に戻し、V字回復を果しました。

復興が叶ったあとに、スパリゾートハワイアンズは、当時被災した人たちを無料招待したそうです。

スパリゾートに限らず、自分の中に間違いなく存在し、仕事と人生を成功に導き、世界を感動させる徳を持った日本人の精神性と振る舞いは、今は眠っていても間違いなく存在しています。

スポーツの世界で、日の丸を背負った日本選手たちが、世界大会で見せるその姿は、ジャパンセンスの発動した証なのだと思うのと同時に、道徳観が薄れてしまった世界に疲れた人々が、その閉塞感の中に光る人間の徳の灯りに反応しているからなのだとも思えるのです。

日本人の美学は、国や人種やイデオロギーを超えた世界共通の「感動」という名の天の贈り物を思い出させるものなのでしょう。

ジャパンセンスは、日本人なら自分の内側に必ずある標準装備なのだという確信から、第一歩が始まるのです。

SOUL OF JAPAN

武士道

日本人に生まれた以上、
誰もが必ず日本の精神となった武士道を
受け継いでいるものだと思っています。
皆がその種を抱いて生まれてきており、
ただ人によって芽吹いていないだけなのです。

下田歌子

受け継ぎ引き継ぐ日本人の叡智

武士道は、日本の象徴である桜花と同じように、日本の国土に咲く固有の華である。

それはわが国の歴史の標本室に保存されているような古めかしい道徳ではない。

今なお力と美の対象として、私たちの心の中に生きている。

たとえ具体的な形はとらなくとも、道徳的な薫りをまわりに漂わせ、私たちを今なお惹きつけ、強い影響下にあることを教えてくれる。

武士道を生み、そして育てた社会的状態が失われてからすでに久しいが、あの遥かな遠い星が、かつて存在し、今でも地上に光を降り注いでいるように、封建制の所産である武士道の光は、その母体である封建制度よりも長く生き延びて、この国の人の倫のありようを照らしつづけているのだ。

この名文は、１８９９年に、新渡戸稲造が英語で書き上げた世界的ベストセラー『武士道』(Bushido : The Soul of Japan) に書かれた文章です。『武士道』は、第26代アメリカ大統領となったセオドア・ルーズベルトをはじめ、数々の著名人に愛され熟読されました。

本の執筆のきっかけとなったのは、１８８９年頃、新渡戸がベルギーの法学者・ラヴレー氏の家で歓待を受けている時に宗教の話題になり、ラヴレー氏に、「日本の学校では宗教教育はない、とおっしゃるのですか」と尋ねられ、新渡戸が「ありません」と返事すると、ラヴレー氏は驚いた様子で、

「それではあなたがたはどのようにして道徳教育を授けるのですか?」

と聞いて来たそうです。

新渡戸はその質問に愕然とし、即答できなかったと後に述懐しています。

その後何年も新渡戸はその問いへの答えを考え抜き、約10年後に「武士道という道徳教育」に行き着いたのでした。

武士道の書物と言えば、江戸時代中期に書かれた『葉隠』も有名です。

肥前国佐賀鍋島藩士・山本常朝が武士としての心得を口述し、それを同藩士田代陣基が筆録しまとめたものだと言われています。

「武士道と云うは死ぬ事と見付けたり」の一句でよく知られており、「武士道とは死の教えである」といった誤解を与えることにもなりました。

この語句の意味するところは死の強要ではなく、死の覚悟を不断に持することによって、生死を超えた「自由」の境地に到達し、武士としての職分を落ち度なく全うできるという意味であったのです。

『武士道』の中で新渡戸は、武士道とは「武士階級のノブレス・オブリージュである」

と説いています。

「ノブレス・オブリージュ」とは、貴族などの高い身分にある人々が負う義務のことです。

武士は戦を専門としますが、武士が世の中や社会の中心となって好きなようにされては世の中が成り立ちません。

長年にわたる日本の歴史の中で、武士の間でもフェアプレイの精神が求められるようになりました。

新渡戸は、「庶民よりも高い身分にある武士は、暴力的な支配ではなく、武士道という崇高な道徳によって人の上に立っている」と考えていました。

「武士道」は、戦なき徳川時代になって精神的な徳義へと変容し、やがて庶民の生活経済倫理にまで影響を与えていくものとなっていきました。

新渡戸基金理事長の藤井茂さんは、『武士道』は日常の新渡戸自身の所作を示したことに他ならない、という貴重な解説を伝えてくれています。

新渡戸稲造は、まさに武士道を体現するような言行一致の人であったという考察から、武士道の何たるかを学んでいきましょう。

新渡戸稲造は、岩手県盛岡市に生まれ、農学を学ぶために札幌農学校（現・北海道大学）に入学します。

札幌農学校は「少年よ、大志を抱け」で有名なあのクラーク博士が初代教頭を務めた学校です。

新渡戸はここの影響で西洋のことについて多く学び、キリスト教の影響を受けることになります。

札幌農学校に入学時は、何かあればすぐに論争を繰り広げる熱血な青年であったようですが、キリスト教徒（洗礼名：パウロ）となり、次第に落ち着いた紳士的な青年へと成長し性格も変わり、西洋の文化と学問の魅力に惹きつけられました。

卒業後は、北海道庁に勤務しますが、国際社会で活躍することを胸に抱き、帝国大学（現・東京大学）へ入学します。

新渡戸は帝国大学の入試を受けた際の面接において、「われ、太平洋の架け橋にならん」という有名な言葉を残し、アメリカへと留学のために向かいます。

彼はアメリカで、アメリカのキリスト教に対応する日本の精神文化は武士道であると主張し、「太平洋の橋」を築く第一歩が始まりました。

このアメリカ留学時代に、後の妻となるメリー・エルキントンと出会います。

その後、3年間ドイツへ留学し、農業経済学の博士号を与えられ、愛を育んできたメリーと国際結婚の障害を越えて結婚をします。

1891年日本に帰国。

帰国後は札幌農学校で教授として、農業科目に加え語学などの多くの科目を受け持ち活躍します。

しかし、過労によって体調を崩してしまい、アメリカに戻った療養生活の間にできた時間を利用して、英語で『武士道』を書き上げました。

ある意味『武士道』を書くように運命付けられていたかのような展開でした。

1901年、同じ陸奥国出身の政治家、後藤新平の熱烈なオファーを受け、台湾総監府で働きます。日清戦争後の台湾は、下関条約により日本の統治下にありました。サトウキビの生産や市場に関する「糖業改良意見書」を提出し、台湾財政の独立にむけ、大きな功績を残しました。

その後、教育者として京都帝国大学（現・京都大学）や、東京帝国大学（現・東京大学）の教授を歴任し、西洋文化を取り入れた新しい教育を行います。

1920年、国際連盟設立の際に、事務次長に選ばれました。第一次世界大戦の終結後に世界平和への関心が高まり、『武士道』の著者として国際的に高く評価されていた功績によるものでした。

ヨーロッパのバルト海に浮かぶオーランド諸島を、フィンランド領とするなど、戦後処理に力をつくしました。

国際連盟の事務次長を7年間務めた後に帰国しますが、戦争へと突き進む日本に危機感を抱きます。

新渡戸は日本の満州政策についてのアメリカの誤解を解いて、対日感情を和らげるため再び渡米します。

「日本人最初の国際人として、日米間を協調する役目は自分にしかできない」

という信念を持ちながら、日本の立場を理解してもらえるよう、アメリカで１００回以上もの講演を行いました。

１９３３年、日本の国際連盟脱退から半年後に、平和への希望を持ってカナダでの国際会議に参加し、日本代表としてスピーチを成功させましたが、無念にもビクトリア市で病床に臥し、１９３３年10月15日、71歳でこの世を去りました。

平和と繁栄をもたらす武士道の教え

戦後日本は新渡戸の夢を追うかのごとく、太平洋に強固な橋を構築しました。戦後の平和と繁栄は、新渡戸が残した一つの遺産であることは疑いがないところでしょう。

このような言行一致の新渡戸の生き方そのもののような著作『武士道』は、今もなお戦ではなく平和をもたらす架け橋として、世界中の人の心に灯りを灯しています。新渡戸がまとめた『武士道』は、「義」「勇」「仁」「礼」「誠」「名誉」「忠義」の「7つの徳」から成り立っています。

現代の進みすぎた資本主義・拝金主義の世界で、もう一度立ち戻るべき人として大切なジャパンセンスが凝縮されて表現されています。

「義」

武士道の中心となる良心の掟で、人間としての正しい道、正義を指すものであり、最も厳しい規律として求められます。

武士道の基本はフェアプレイの精神。困っている相手が敵だろうと手を差し伸べ、決して姑息・卑怯な手段を用いないことを求めています。

上杉謙信が「川中島の合戦」の時、今川・北条側に塩の供給を絶たれた武田信玄に、塩を自国から供給し、義を貫いた話が有名です。

敵である信玄に謙信が送った書状が胸をうちます。

「我、公と争う所は弓矢にありて米塩にあらず。
請う、今より以て塩を我が国に取られ候へ。
多き少なき、ただ、命のままなり」

「勇」

義を貫くための勇気のことで、義と勇は2つで1つ、2つがそろって初めて正しい行動ができるようになります。

勇気といっても、危険を冒し犬死するのではなく、自分が信じることに対しては命をかけ戦うのが武士の精神です。

水戸黄門で有名な徳川光圀は次の言葉を残しています。

「本当の勇気とは、生きるべき時に生き、死ぬべき時に死ぬことである」

「仁」

思いやりの心、他者への憐れみの心です。

しかしただ優しいだけではなく、時には厳しさをもって相手と接することができる人に、本当の「仁」が備わっているとされています。

キリスト教でいうならば「愛」。仏教でいうならば「慈悲」。孟子は仁義について「仁は人の心なり、義は人の道なり」と説きました。

「礼」

礼とは、他者に対する優しさ、敬う気持ちを型として表したものです。相手への気持ちを動作で表現し伝える礼は、礼儀作法としてお辞儀や挨拶など細かく分けられ伝えられてきました。

ただし形だけの礼は、「真実性と誠意がなければ、その礼は道化芝居か、見世物のたぐいである」と看破しています。

新渡戸は『武士道』の中で、「礼の最高の形態は、ほとんど愛に近づく」という素晴らしい言葉を残しています。

「誠」

その字の通り、言ったことを成すこと。

士農工商という社会的身分の高い武士には、他の人間よりも高い「誠」の精神が求められました。武士はその行い・言った言葉には嘘偽りがないとされ、約束などにも証文を必要としませんでした。

「武士に二言はない」という言葉は、この誠を貫く言行一致の姿勢が生み出しました。

「名誉」

自分に恥じない高潔な生き方を貫くことが名誉。

新渡戸は、名誉というものを考える時、その対極に存在する「恥」を先に考えました。

「人に笑われる」「体面を汚すな」という言葉で立ち振る舞いを正され、名誉という人としての美学を追求しました。

日本人はどんな災害に見舞われても、常に冷静であり、暴動や略奪が起こらないどころか、避難所や配給などの場面でも、列を作って順番を守り、弱者に対する譲り合いの心まで持っています。

常に冷静であることは、取り乱したり、略奪や暴動を恥ずかしいことだと考える「名誉」の心です。

順番を守るのは「礼」の心、人を出し抜いたりしない正直さ「誠」の心、譲り合いは「仁」の心。そしてそれらの心は、正しいことを見失わない「義」と、正しい行動を貫こうとする「勇」によって支えられているのです。

もちろん今の日本人が武士道を自覚し「高貴な生き方をしよう」と意識しているというよりも、日本人の中に確かに存在する無意識のジャパンセンスが、未曽有の災害の場面でさえ変わることなく、そのＤＮＡに刻まれた徳が発動しているのでしょう。

「忠義」

主君に対する忠誠の義務であり、公を重んじることですが、現代では主君に対する忠誠の意味よりも、世のため人のためという「公」の意識になれた時に、本当の実力を発揮できるという意味合いがしっくりときます。

野球の世界大会ＷＢＣでの大谷翔平選手を筆頭にした侍ジャパンの選手たちが、日本という公への忠義という高い意識で勝ち取った世界一の戦いが、これに相当するのではないでしょうか。

国を代表する「公」の意識になった時の「侍」は最高のパフォーマンスを発揮することを、私たちは現代においてリアルに目撃しているのです。

「松下村塾」で明治維新に活躍した志士たちに大きな影響を与えた吉田松陰は、武士道について次のように語っています。

武士道とは何も国や主君に忠節を尽くす道だけを指すのではなく、
弱き己を律し、強き己に近づこうとする意志、
自分なりの美意識に沿い精進する、その志を指すのです。

ちょんまげを結って、刀で切り合いをしていた封建時代の武士道の教えが現代に役立つとは思えないという意見も確かにあります。

しかし、新渡戸が『武士道』に書いた、「礼の最高形態は、ほとんど愛に近づく」という言葉が、昨今の企業の不祥事や政治の混乱、一部国民の道徳心の荒廃など、現代において失われつつある日本人の誇りを思い出させるための最高のシナリオになり得る可能性を秘めていると私は解釈します。

「ビジネスの最高形態は、ほとんど愛に近づく」
「経営の最高形態は、ほとんど愛に近づく」
「営業の最高形態は、ほとんど愛に近づく」

「研究開発の最高形態は、ほとんど愛に近づく」
「リーダーの最高形態は、ほとんど愛に近づく」
「チームワークの最高形態は、ほとんど愛に近づく」
「人間らしさの最高形態は、ほとんど愛に近づく」

吉田松陰が言った「武士道とは、自分なりの美意識に沿い精進する、その志を指す」という言葉の通り、日本人が受け継いできた「美意識」が、現代において仕事や人生を豊かにするだけでなく、混迷の世界情勢に平和の灯りを燈す役割を持つと確信するのです。

かつて日本のどんな場所にもどんな庶民にも溢れていた芸術的センスや人生を楽しむ心、和を以て貴しとなす大和の国、大いなる調和。

波風が立たないことを願う平和主義とは違う、感動のもとに大和を創るジャパンセンスを再起動させる「現代の武士道」を実践して参りましょう。

女子の武士道「下田歌子」のジャパンセンス

1885年、イギリスのバッキンガム宮殿にて、ヴィクトリア女王への謁見を果たした日本人女性がいました。

この時、日本古来の礼装を着用したその立ち振る舞いと気品に、女王のみならず当時の英国上流社会の人々に賞賛されました。

宮殿の大広間にて名を呼ばれ、スッと恭しく立ち上がった姿に、驚きと称賛とが入り混じった、かすかなどよめきが起こったのです。

白の内衣に緋の長袴、唐織の単衣に小袿衣、髪は長く後ろに垂れて櫛をさした姿、日本の王朝時代の官女そのままの伝統衣装だったのです。

ヨーロッパの人々は、初めて目にする極東の国・日本の高貴な女性の姿に、言葉にならない敬意と感動を覚えたのでした。

ヴィクトリア女王は、その姿と理知的で気品に溢れた会話にたいへん心打たれ、その後もしばしばバッキンガム宮殿に召し出され、女王陛下と親しく会食をしたり、談話に興じることになりました。

女王陛下を感動させたその女性の名は、下田歌子。

1854年に美濃国恵那郡岩村藩（現在の岐阜県恵那市岩村町）の藩士、平尾鍒蔵と妻房子との間に長女として生まれ、鉐（せき）と名付けられました。

岩村藩主は徳川一門で由緒ある松平家。

勤王の志を説く父親は藩内で弾圧され、歌子が物心ついた頃、父は謹慎の身となっていました。

失意と貧困の暮らしの中で、なお学問と大義のために生きながら、両親と祖母は歌子を厳しくも愛情をもって育てました。

歌子は、幼い頃より神童のほまれが高く、和歌、漢詩の才能にも恵まれていました。

1872（明治5）年、才能を見込まれた歌子は多くの人々からの推挙を受け、宮中に出仕して明治天皇の皇后（昭憲皇太后）にお仕えします。

歌子18歳の時、西郷隆盛が宮中の改革を断行し女官にも武家の娘を採用しました。

歌子は公家出身の女官たちからいじめを受けましたが、祖母から受けた武家の娘としての厳しい躾が歌子を支えました。

履物を揃えて脱いで着物を寸分の狂いなく素早く畳みました。

「この子はただ者ではないぞ」という囁きが広まりました。

上役の女官からも、「歌子は草履の脱ぎ場所が、いつも決まっている。しかもいつもきちんと正しく揃えてある。近頃これは感心な心掛けだ」と褒められました。

苦難に耐えながらも、歌子のあり方そのものが褒められたのです。

運命のドラマが動き出すように、歌子は皇后の歌会に呼ばれ、さっそくそのすぐれた歌才を披露し、皇后に感動を与えました。

皇后の歌会で「春月」という題を頂いた折りには

手枕は 花のふぶきに 埋もれて
うたたねさむし 春の夜の月

と詠い、そのすぐれた歌才を皇后に愛でられました。

そして、皇后より「歌子」という名を賜ると共に、その評判は世に喧伝されることになりました。

1893(明治26)年、下田歌子は明治天皇の皇女ご教育係の内命を受け、欧米諸国における先進的な女子教育の状況を視察するため、欧州7カ国(イギリス、フランス、ドイツ、イタリア、オーストリア、ベルギー、スウェーデン)とアメリカに留学します。

2年間にわたって、各国の上流階級のみならず、諸階級の女子学校教育、家庭教育のありかたをつぶさに見学し、イギリスのバッキンガム宮殿にて、ヴィクトリア女王への謁見を果たしたのです。

伊藤博文は、「下田教授は大臣になる器である」と称え、華族女子学校の教授に任命しました。

下田歌子は、生涯を女子教育の振興にささげ、実践女子学園の基礎も築きました。また、源氏物語をはじめとする古典研究や歌人としても名高く、文学分野で多くの著作・作品を残しました。

女性の結束と地位向上に尽力し、数々の学校設立・運営に携わると共に、海外からの留学生を受け入れるなど多くの社会活動を実践しました。

下田歌子が残してくれたジャパンセンス溢れる言葉を、石川真理子さんの著書『乙女の心得』より一部抜粋してご紹介します。

日本固有の武士道精神を基礎として、
これに倫理学上の知識を加え、時世に応じて、
いきいきとしたる力のあるところの女徳を養って、
そして、女子の品格を高めたいものであります。
『どう思われるか』より『自分がどうあるべきか』
ということに意識を置くのです。

「どう思われるかよりも自分がどうあるべきか」

この品格を実践したのが、バッキンガム宮殿にてヴィクトリア女王への謁見を果たした時だったのでしょう。容姿にしても精神性にしても、下田歌子は日本女性としてのあり方を基本としたのでした。

日本人に生まれた以上、
誰もが必ず日本の精神となった
武士道を受け継いでいるものだと思っています。
皆がその種を抱いて生まれてきており、
ただ人によって芽吹いていないだけなのです。

「武」という字は「戈」を「止める」と書きます。
武士道は戦のためにあるのではなく、むしろ
平和のためにあるということの表われと言えます。

武士道精神は今なお日本の誇り。
混迷の時代「和の心」は今や世界に求められている。

武士道は、その種を誰もが受け継いでいる標準装備であり、人によってまだ芽吹いていないだけなのだという希望に溢れた教えを、素晴らしい表現力で伝えてくれています。

武士道が戦のためにあるのではなく「戈」を「止める」と書くように、平和のためにあり、そのような「和の心」が今や混迷の世界に求められているという、現代の世界にそのまま当てはまる感動的な教えです。

相反する二つのものが組み合わさった時
輪が生まれます。輪は和でもあります。
調和こそが輪をどこまでも広げるもの。
この宇宙に男女の両性があるというのは
つまりこの両性を要求する理由があるからでありましょう。

則ち男性と女性と相寄り相助けて、はじめて社会は都合よく円満に立っていくわけであります。相反するものは反目もすれば協力もできる。男女が協力することで社会は発展します。

「和の心」は、相反する二つのものを組み合わせた陰陽の輪を生み出し、調和するほどその輪は大きくなるという、これ以上ないほどの輪と和の表現ではないでしょうか。

相反する者は反目も協力もできるけれど、相寄り相助けることによって社会が発展するという武士道の７つの徳「義・勇・仁・礼・誠・名誉・忠義」の地球規模の実践法を伝えてくれているように思えます。

身だしなみは、自分を美しく見せるというより、
おのずから相手に敬意を起こさせしめる、
というようにありたいものです。

美麗艶美というよりも、高潔、清楚というほうにありたい。
それすなわち身だしなみの極意であろうと存じます。

国を愛し、家庭を愛し、日本人であることを愛する。
揺るぎない信念は、ここから生まれます。

身だしなみが相手に敬意を起こさしめるという切り口は、視点だけでなく視座を一気に上げてくれます。

そして揺るぎない信念は、国と家庭と日本人であることを愛することから生まれるという最も大切なことを最もシンプルな言葉で伝えています。

理想は大空に光る月のようなもの。
近づこうとする努力そのものが尊いのです。

夢を追うために足元を固める。
しっかり地に立ってこそ
天を見上げることができるのです。

理想は月のように届かないけれど、近づこうとする努力そのものが尊く、それは理想論ではなく現実の生活でしっかり地に立って足元を固めることの重要性を教えてくれています。

昭憲皇太后やヴィクトリア女王を感動させ、未来にたくさんのドラマを生み出した女子教育のゲームチェンジャー下田歌子。

「お前がもし男子なら志を起こして立つところを、女子だから残念だ」

小さい頃に聞いたこの祖母の言葉が歌子を駆り立て、未来を創造する「問い」が生まれました。

「女子でもお国のために尽くした人はいないのか？」

志とは純粋な問いから生まれるものです。

答えを探し求めながら、自分が自分であることを確認するという生き方。

自分にしか生み出せない何かを求め、理想の象徴である月を見上げながら、地に足をつけて生きることの大切さを下田歌子は問いかけています。

揺籃を揺るがすの手は
もってよく天下を動かすことをうべし
（ゆりかごを揺らす手が世界を動かすのです）

太平洋戦争を終わらせた侍

太平洋戦争末期、首相に任命された鈴木貫太郎は、すでに77歳でした。

軍人が政治に関わるべきではないという信念を持っていた鈴木は、首班指名の際に何度も辞退しています。

しかし昭和天皇から「頼む」と言われ、引き受けるに至りました。

江戸時代生まれの軍人に、終戦工作という重たい仕事を任せるのは、昭和天皇としても辛い判断だったのかもしれません。

しかし侍従長も務め、昭和天皇から絶大な信頼を置かれていた鈴木貫太郎以外、戦争を終わらせるという大役を担える人は他にいなかったのでしょう。

日露戦争で「鬼の貫太郎」と呼ばれるほどの軍功を挙げる鈴木は、日清戦争の際に部下にこう述べています。

「お前たちを殺すような下手な戦さはしない」

鈴木貫太郎内閣は1945年4月7日に発足します。目的は終戦工作ただ一つ。6月には戦争継続がほとんど不可能との認識がなされ、7月には天皇制を保持することを目的とした「戦争指導大綱」が決定します。

7月27日にアメリカからポツダム宣言が発せられ、8月6日には広島に、9日には長崎に原爆が投下されます。

降伏か本土決戦か、日本史上最大の決断をする御前会議が紛糾する中、鈴木貫太郎は間合いを見て昭和天皇にご聖断を仰ぎます。

昭和天皇は受諾を決定し、8月15日に玉音放送で国民に降伏を伝えました。

鈴木貫太郎内閣は敗戦の責任を取り同日に総辞職します。

鈴木貫太郎がいなかったら、日本は軍部の内戦と戦勝国による分割で存亡の危機を迎えていたと言われています。

映画『日本のいちばん長い日』にも描かれていますが、鈴木貫太郎首相の最大の功績は、太平洋戦争を終わらせたことでした。

徹底抗戦を唱える一部の軍人たちをうまく扱いながら、和平への道筋をつけるために尽力し、最後は天皇の「聖断」に委ねるという形で終戦に持ち込んだのです。

鈴木貫太郎が侍従長時代の１９３６年、二・二六事件が勃発します。

「陸軍皇道派青年将校」による陸軍の兵約千五百名を率いた大規模な軍事クーデター事件でした。

「天皇中心の国を作り軍国主義の世の中にする」という昭和維新を唱えて暗殺や暗殺未遂が勃発していました。

１９３６年2月26日、麹町三番町侍従長官邸。

お手伝いさんが寝ていた貫太郎を揺り起こして、「兵隊さんが塀を乗り越えて来ました！」と知らせに来ました。

貫太郎は日本刀を取りに納戸へ向かいます。

しかし日本刀はそこにはありませんでした。

妻のたかが前の晩に片付けてしまっていたのです。

丸腰で将兵たちの前に出ることになりました。

もし貫太郎が刀を持って将兵たちに応戦しようとしたなら、すぐにとどめを刺されていたでしょう。

部屋に戻り灯りをつけたところに、30名ほどの下士官たちが入ってきました。


「閣下ですか？」

「そうだ。こういうことをするには理由があるだろう。それを言いなさい」

「閣下、時間がありません。昭和維新のためにお命頂戴いたします」

「やむを得ませんな。それではお撃ちなさい」


5発撃ったうち4発が命中。左足・左胸・頭部に銃弾を受け、さらに軍刀でとどめを刺されかけた寸前、部屋の隅でじっと座っていた妻のたかが言いました。

「武士の情けです。とどめは少し待ってください」

後にたかは「せめて死ぬ前に最後の別れを言いたいと思った」と言っています。

安藤輝三という陸軍大尉が将兵を止めました。

「あなたは奥様ですか？

奥様のことはかねてからお話は聞いておりました。

まことに気の毒なことをいたしました。

閣下に恨みはないが、昭和維新断行のためです。

とどめは残酷だからやめろ。気をつけ！　閣下に対して敬礼！」

将校たちが部屋を出た後、すぐにタカが宮内庁に連絡。

宮内庁は天下の名医「塩田広重教授」に連絡します。

輸血を用いる手術の権威でした。

飯島博士が車で輸血用の血を運びますが、下士官部隊に止められます。

「侍従長官邸に行く！」

すると下士官は止めずに車に乗り込んで、侍従長官邸まで案内してくれました。なんとその下士官は、一カ月前に飯島博士の治療で助けられた人だったのです。いくつもの奇跡が鈴木を救ったのでした。

まさに見えざる神の手。後に貫太郎はこう述懐しました。

「幸運というだけでは説明できない。

何かこのほかに目に見えぬ大きな力が自分の身辺にあって、そのご加護で当然死ななければならぬような場面に出会いながら、しばしば危ないところをまぬがれてきているように思われてならないのである」

鈴木貫太郎が首相時に、アメリカ第32代大統領フランクリン・ルーズベルトが、高血圧による広範な脳出血を起こし帰らぬ人となりました。

この時に日本の鈴木貫太郎首相が同盟通信の海外向け英語放送を通じて表明した弔意が、アメリカ国民を驚かせます。

「アメリカ側が今日、優勢であることについては、ルーズベルト大統領の指導力が非常に有効であって、それが原因であることを認めなければならない。であるから私は、ルーズベルト大統領の逝去がアメリカ国民にとって非常なる損失であることが理解できる。ここに私の深甚なる弔意を米国民に表明する次第です」

ラジオトウキョウも通常の放送を中断し、アメリカ国民に向けて葬送曲を流し哀悼の意を表明しました。

これが日本人の矜持。武士道精神です。

ドイツのアドルフ・ヒトラーの声明が「運命は歴史上最大の戦争犯罪人をこの地上から遠ざけた」だったこともあり、アメリカに亡命していた文豪トーマス・マンは、ドイツ国人への放送で、

「あの東洋の国日本には今なお騎士道精神と人間の品位に対する感覚が存する。今なお死に対する畏敬の念と偉大なるものに対する畏敬の念とが存する。これが独日両国の差異である」

しかし日本では外務省を通じて鈴木のもとにクレームが届きました。

鈴木はこう答えました。

「古来より日本精神の1つに敵を愛すということがある。私もまたその日本精神に則ったまでです」

最後の武士というべき鈴木貫太郎は、ご聖断を得てポツダム宣言受諾を決め、日本を終戦へと導きました。

やがて枢密院議長を経て、翌年6月、郷里に戻りました。

短い晩年「われは敗軍の将。郷里で畑を相手に生活しております」と語っています。

昭和23（1948）年、鈴木貫太郎は、享年81歳でこの世を去りました。

意識が朦朧とする中、タカ夫人の手を握りながら、非常にはっきりした声で「永遠の平和、永遠の平和」と二度繰り返しました。

日本人として残しておきたい美点と言えば、武士道であると思う。
日本が過去において世界に誇ってよかったものは武士道であると思う。
武士道は正義を重んずる精神であり、慈悲を尊ぶ精神である。
これを失ったままにしておくことは日本民族の精髄を失うことになる。

第42代・内閣総理大臣　鈴木貫太郎

世界一のソフトパワー

国際的な市場調査会社イプソスが発表した２０２３年度版「アンホルト‐イプソス国家ブランド指数（ＮＢＩ）」において、日本が初の首位を獲得しました。

日本は２０１９年に５位となって以来、着実に順位を上げて、ついに１位になりました。イプソスのグローバルＣＥＯであるベン・ペイジ氏は、「ここ数年の日本の世界的な人気の高まりと、その結果最も印象的な国となったことは目を見張るものがある」とのコメントを発表。

国家ブランド指数の創設者であるサイモン・アンホルト氏は、「日本が今、地球上で最も称賛される国になっているという事実は、ドイツとアメリカを除けば、このポジションに到達した最初の国であり、世界のソフトパワーバランスが目の前で変化していることを裏付けています」とコメントしました。

日本を楽しむ観光客の様子や世界中にファンがいるアニメや文化などが感動を生み出しているのは実感していましたが、２０２３年にソフトパワーとしてついに首位になったのです。

大規模な自然災害などの場面でも発揮されている日本人の秩序ある行動や互いを思いやる精神性、野球やサッカーの世界大会での振る舞いなど、武士道精神が受け継がれている可能性に加えて、観光力、食の素晴らしさ、クリエイティビティなど、世界に誇れる日本文化が進化していることに心が躍ります。

日本人は、残念ながら戦後の長期に渡る自虐教育により、間違った歴史やイメージを植え付けられ、自信喪失に陥っていました。

私もその一人でしたが、どこか言葉にならない違和感をずっと覚えていて、インターネットで正しい情報を得られるようになると、徐々に日本という国と、かつての日本人の素晴らしさを認識できるようになりました。

日清日露戦争も含めて、いざ戦争となると、東洋の小さな島国の日本があまりにも強かったので、敗戦後に日本弱体化の対策が実行され、その牙を削がれていきました。

武士道にしても、本書で述べたように戦においての殺し合いの手引きではなく、人間としての徳を積み人格の向上を図る作法だったのです。

だからこそ武士道は、「カラオケ（KARAOKE）」と同じく、「武士道（BUSHIDO）」として英語になって、世界を感動させ続けている日本のソフトパワーなのです。

特に日本人が持つ精神性と創造性は、これからの世界を調和に導く限りない可能性を秘めたソフトパワーなのです。

「和をもって尊しとなす」

聖徳太子が生み出したこのジャパンセンスは、ただ仲良く暮らしましょうという意味ではなく、大いなる調和を意味する「大和の国」日本のコミュニケーション作法として世界に拡がる創造性の源になる精神性です。

「武士道」の章で、下田歌子が伝えた調和の意味。

「相反する二つのものが組み合わさった時、輪が生まれます。

輪は和でもあります。調和こそが輪をどこまでも広げるもの」

輪が和であり調和すればするほど、輪と和は広がり大きくなるという真理。

人類にとって「和」がどれだけ尊いものかという気づきになる言葉です。

日本は建国２６００年を超える世界最古の国として、正式にギネス認定もされています。


ないものねだりよりあるもの磨き。

日本人としての「あるもの」。

人間としての「あるもの」。

個人としての「あるもの」。


それに気づいて磨き切ることが、競争と戦いの時代から和の時代へと進化させるために、今最も必要な行動なのだと思います。

「あるもの」を磨けば磨くほど「らしさ」が輝いてきます。

「日本人らしさ」と「人間らしさ」と「自分らしさ」。

この「らしさ」の三点セットが、ソフトパワーの根っことなる要素です。

ジャパンセンスから生まれる感動は、「カラオケ（KARAOKE）」や「武士道（BUSHIDO）」のように、世界語としての「KANDOU」になることを夢見て。

KANDOU WISDOM

人生はドラマ、人は皆役者
出会う人は大切な共演者
100万回のハッピーエンドを
この世界に生み出すために

感動知性

感動の達人世阿弥の美学

生き方やあり方で感動を生み出した日本人はたくさんいましたが、その中でやり方まで含めた感動創造の実践法を世に伝えたのが、能楽師世阿弥（ぜあみ）です。

今から６００年前、シェイクスピアより２００年早い時代に活躍し、脚本、演出、主演、監督、すべてを一人でこなした室町時代のスーパースターです。

世阿弥が属していた大和猿楽は、物まねの芸能であり、同時代に存在した近江猿楽は、雅な天女舞を中心とした幽玄美が売り物でした。

その幽玄美を取り入れ、世阿弥は「夢幻能（むげんのう）」を完成させたのです。

自分が感動したものは積極的に取り入れ融合させる、ハイブリッドな柔軟性を世阿弥は持っていました。

これこそまさしくジャパンセンスの重要な特徴の一つでもあります。

明治時代の文豪森鴎外がすすめた「和魂洋才」(日本古来の精神を大切にしつつ、西洋からの優れた学問・知識・技術などを摂取・活用し、両者を調和・発展させていく)というハイブリッドセンスもその一つです。

幕末の思想家で、吉田松陰や勝海舟、坂本龍馬らを門弟にし、数多くの幕末の志士たちの教育にも携わった佐久間象山が唱えた「東洋道徳西洋芸術」も優れたハイブリッド思考でした。

このように外から優れたものを取り入れ、融合調和させ、さらに優れたものを創造するというセンスは、現代に至るまで時代を超えて日本人が得意とするものです。

実は日本人が発揮する創造性には、日本古来から存在する「むすひ」という力が関係しています。

「むすひ」とは、日本神話において、天地・万物を生成・発展・完成させる霊的な働きのことで、すべてのものは「むすひ」の力から生み出されるとされています。

古事記で、天地開闢（かいびゃく）の時に最初に生まれたとされる、天之御中主神（アメノミナカヌシ）、高御産巣日神（タカミムスビ）、神産巣日神（カミムスビ）の三柱の神々は、「造化三神（ぞうかさんしん）」と呼ばれています。

江戸時代の国学者本居宣長は、「タカミムスヒ」と「カミムスヒ」の二柱の名に表れる「ムスヒ」の「ムス」は、「うむ（生む、産む）」「むす（苔が生す）」「うぶす（産す）」など、生成をあらわす語とし、むすこ（息子）、むすめ（娘）なども、そこから派生した語と考えました。

日本人の創造性の源とされる「むすひ」とは、ご縁や心をつなぐ「結ぶ」につながっています。

「結ぶ」という言葉は、「つなげる」「まとめる」「創る」「固まる」「締める」という意味があり、「人と関係をむすぶ」「契りをむすぶ」といったご縁や心をつなぐ意味でも使われています。

神社でも「しめ縄」という形で幾重にも結ばれた縄で結界を張ったり、願いを込めておみくじを「結ぶ」行為など、日本には「結び」に関する文化が数多くあります。

結婚式やお祝い事などめでたい場で使われる水引は、「結ぶ」ことにより〝人と人を結びつける〟という意味が込められています。

現代では、三角の「おむすび」として日常で出合うことができます。

日本の職人の魂を込める仕事は、このむすひの力から始まっているとも言われています。

話を世阿弥に戻します。

世阿弥が能を大成していく過程には、やはり日本人の創造性の源「むすひ」の力が使われていました。

芸能のなかに禅などの様々な学問や哲学を融合調和させ、至高の芸術に高めた世阿弥の教えを伝えたのが、『風姿花伝（ふうしかでん）（花伝書）』という書物です。

世阿弥は、38歳から約20年間という膨大な年月を費やして、この書を書き上げました。

後に書いた『花鏡』と共に、現代でもそのまま人生と仕事に応用できる教えが見事にまとめられて伝えられています。

世阿弥が伝えた「感動知性」は膨大な数になりますが、本書では今の時代に最も必要とされるであろう世阿弥の感動知性を一つだけご紹介したいと思います。

人の心に思いもよらぬ感動を
もよおさせるやり方、
それが花。珍しき花。

四季折々に咲く花は、四季折々に咲くので珍しく感じ、美しい。
桜も一年中咲いていていたら、あまり感動もない。
という意味ですが、当たり前と思うでしょうが、これは感動創造においてドラマを生み出すために必須の原則です。

これまで自分が感動した場面を振り返るとわかりますが、そこには必ず何らかの「ドラマ」が生まれています。

ドラマとは「思いもよらぬ＝思いがけない」何かがそこに発生している状態です。

「思いがけない魅力を見つけた時」

「思いがけないプレゼントをもらった時」

「思いがけない親切を受けた時」

「思いがけない出会いがあった時」等など。


「思いがけなさ」は、現代では「サプライズ」というゲーム的次元で実践する人が多いようですが、誰もが本来持っている「むすひ」の力を使ってドラマを創造し、世阿弥の言わんとしたところを実現したいものです。

「むすひ」の力が「思いがけなさ」として働くとすれば、相手の事前期待を超える「心を結ぶ何か」が込められていた時です。

相手の未来まで「慮る心」で「清き明き心」で接すること。

商人道における「先も立ち我も立つ」の自他感動を体験すること。

武士道における「義」「勇」「仁」「礼」「誠」「名誉」「忠義」の「7つの徳」を実践

することによって、内側に眠るジャパンセンスという標準装備を直接的に磨くことになります。

野球のWBC、サッカーのワールドカップなどで、日本人選手やサポーターたちに世界が感動したことは、当たり前の期待を超えた日本人の振る舞いと出来栄えだったのではないでしょうか。

そして大災害が起こった時に、海外の放送局が国民に落ち着くように叫ぶのは、災害が危険だからというよりも暴動や略奪が起こる注意喚起である前提なのに対して、日本の場合はそうではなく、秩序を守りお互いに助け合う姿に世界が驚き、称賛し、感動するのです。

『国家の品格』という名著の中で藤原正彦氏は、世界に通用する日本人の「美しい情緒や形という普遍的価値」の重要性を伝えてくれています。

日本人のように生きたいと、世界の模範となるために私たちは、先人たちがはるか縄文の昔から受け継いでくれた感動知性という灯りを燈し、目に見えるエゴの光ではなく、目に見えない心の美しさを磨くという恩贈りをしていこうではありませんか。

新渡戸稲造は『武士道』の中で「武士道の将来」と題した最終章にこう記しました。

武士道は一つの独立した倫理の掟としては消ゆるかもしれない。
しかしその力は地上より滅びないであろう。
(中略)
その象徴とする花のごとく、四方の風に散りたる後も、
なおその香気をもって人生を豊富にし、人類を祝福するであろう。

死刑囚を救った感動の力

昭和28年7月。終戦後7年以上も異国フィリピンのモンテンルパ刑務所に収容されていた死刑囚を含むＢＣ級戦犯１０８人が、横浜港に降り立ちました。

二度と、生きて故国の土を踏むことはできないと絶望していた彼らを救ったのは、一曲の歌でした。

彼らの釈放をフィリピンのキリノ大統領に決断させた歌とは、「あゝモンテンルパの夜は更けて」。

この歌を歌った歌手、渡辺はま子。

そして、この歌をキリノ大統領に届けるべく奔走した僧、加賀尾秀忍。

日本人の中に眠る感動知性が、不可能に見えた歴史を動かしました。

戦犯とされた１０８人の日本兵、彼らは死刑、無期刑などの判決を受けていましたが、ほとんどは身に覚えのない冤罪で、死刑執行の恐怖と戦い、苦悶の日々を過ごしていました。

そんな彼らを救出するために立ち上がったのが、僧侶である加賀尾秀忍でした。

ＧＨＱの命令により加賀尾は9カ月の任期でフィリピンの戦争裁判の教誨師（受刑者の教育を担当する者）として派遣されることになりました。

当初「自分には荷が重すぎる」と断ろうとしていましたが、受刑者たちの留守家族の姿が背中を押しました。

戦争が終わり、夫や父や兄がようやく戻ってくると思っていた矢先、彼らは戦犯容疑で逮捕されたのです。

戦犯の家族ということで周囲から白眼視され、生活も困窮を極めていました。

彼らは加賀尾にすがって泣きました。

「この人たちを救わないで、どうして僧と言えようか」

加賀尾はマニラに行く決意を固めたのです。

モンテンルパ刑務所に着いたのは１９４９年10月。

村人殺害事件で起訴された13人のうち、ほとんどが事件と無関係の冤罪でした。

フィリピン人が自分の保身のために、容疑者の面通しの際「あれもいた、これもいた」と指さした証言に基づいたものだったのです。

受刑者たちの深い苦悩を知るにつけ加賀尾はこう考えるようになりました。

「彼らを導くというより、その悲惨、困苦の道を共に歩くということが、自分の使命ではないのか」

加賀尾は、刑務所内の一室を観音堂として居住し、６カ月の任期が過ぎても、「この人たちを残して帰るわけにはいかない」と言って帰国しませんでした。

日本政府が給料も滞在費用も打ち切る中、無給で受刑者たちの残飯を食べて生活をしました。

モンテンルパに着いて1年余り経った1951年1月、加賀尾が恐れていたことが現実となりました。

容疑者13人を含む14人の死刑囚が処刑されたのです。

減刑の噂が飛び交っていた矢先のことであっただけに、残された者たちの衝撃は大変大きなものでした。

彼らの死を見届けたのは加賀尾だけでした。

別れも告げず13階段に消えた14名の命を思い、残された仲間たちは泣きました。

加賀尾は気落ちする受刑者たちを、「自暴自棄になってはいけない」「希望を捨ててはならない」と必死に励ましました。

マッカーサー元帥宛に助命嘆願書を送ったり、日本の新聞にも投稿したり。

しかし彼の必死の努力も日本の世論を喚起するには至りませんでした。

加賀尾は思いました。

「もうこうなれば歌しかない。歌だったら人々の心に素直に届くだろう。

死刑囚自身の言葉とメロディで歌をつくろう」

作詞は代田銀次郎に、曲は伊藤正康に頼みました。

二人とも死刑囚で、音楽はずぶの素人でしたが、代田はたまたま文学好きで、伊藤はオルガンが弾けたにすぎなかったのですが、できあがった曲には激しい望郷の念が込められており、聴くものの心を打たずにはおれないものになりました。

加賀尾は、できあがった曲の楽譜をすぐに、日本の歌手、渡辺はま子のもとに郵送しました。

彼女は戦犯の存在を知り、日本で積極的に釈放運動を展開していたのです。

「あゝモンテンルパの夜は更けて」と題して発売されたレコードは、20万枚を売る大ヒットとなりました。

渡辺はラジオや地方公演のたびにこの歌を歌い、必ず一言付け加えました。

「戦争が終わって7年もたつのに、
いまだに牢につながれている人たちがいるのです」

日本での釈放運動は、こうして広がっていきました。

1952年12月24日、フィリピン政府の許可を得た渡辺はま子は、マニラに到着し、モンテンルパに向かいました。

この曲を受刑者たちの前で歌うことで、彼らを激励したかったのです。

「荒城の月」や「浜辺の歌」を彼女は振袖を着て歌いました。

ついに「あゝモンテンルパの夜は更けて」を歌う時が来ました。

受刑者たちを前にして、どうしたら泣かずに歌えるのか、そんな思いで歌い始めました。

「モンテンルパの夜は更けて
つのる思いにやるせない
遠い故郷　しのびつつ
涙に曇る月影に
優しい母の夢を見る」

受刑者の中からすすり泣きが聞こえてきました。

最後に全員で合唱した時には、そこにいた全員が肩を震わせて泣きました。

望郷の念と共に、処刑された14名のことが思い出されたのです。

会が終わりに近づくと、傍らに立っていたピオ・デュラン議員が言いました。

「私が責任を持つから、君が代でお別れなさい」

禁じられていた君が代を、一同起立して祖国のほうに向いて歌い始めました。

これが日本を、世界を動かしました。

年が明けて1月10日、モンテンルパ慰問録音テープが日本のラジオで放送されました。

この放送で日本国人は、無実の罪で刑の執行に脅えながらモンテンルパの刑務所にいる日本人の同胞の存在を知ったのです。

6カ月過ぎても無給で受刑者の残飯を食べながら頑張っていた加賀尾の情熱が、いろんな人を動かしていったのです。

戦犯者の釈放が遅れた理由は、日本とフィリピンとの間の賠償交渉が暗礁に乗り上げていたからでした。

また、フィリピンのキリノ大統領は、日本軍に捕らえられ激しい拷問を受け、家族も犠牲になっていたのです。

敬虔なクリスチャンであった大統領はこう語っていました。

「『怨みを返すのに、恨みをもってしてはならない』ことはよくわかっていました。しかし私の怨みは頑固でした」

加賀尾はローマ法王に手紙を書き、戦犯者の助命を嘆願しました。

加賀尾の手紙は法王の心を動かし、マニラにいた法王大使を通して、キリノ大統領に法王の意向を伝えてくれたのです。

こうして加賀尾とキリノ大統領との会見が実現したのでした。

法王の意向を尊重し会見が実現しましたが、キリノ大統領にとって気が重い会見でした。

加賀尾は、日本から送られてきたオルゴール入りのアルバムを持参しました。大統領が包みを開いてみると、哀愁を帯びた音色が流れ出しました。あの曲でした。

大統領は尋ねました。

「これは非常に哀調に富んだ音楽ですが、何という音楽ですか？」

加賀尾は答えました。

「これは『あゝモンテンルパの夜は更けて』という曲で、死刑囚が作詞作曲したものです」

加賀尾が帰った後、大統領は側近に語りました。

「言葉の代わりに音楽をアルバムに仕込んできて、
それを黙って手渡した。それが私の心の琴線に触れた。
私は初めて心を動かされた」

この会見は頑なだった大統領の心を溶かしました。
日本からも500万人の書名が届きました。
それから一カ月ほどしてから、大統領からの連絡を受け全員釈放が決定されました。
碑に刻まれた大統領声明にはこう書かれていました。

我が国に長く恩恵をもたらすであろう日本人に
憎悪の念を残さないためにこの措置を講じたのである。
私を突き動かした善意の心が、人間に対する信頼の証として
他者の心の琴線に触れることになれば本望である。

帰国を前にして加賀尾は、処刑された者たちの遺骨を探し出し、日本に連れ帰るために墓地を掘り起こし、「一緒に帰ろうね」と語りかけながら、彼らの遺骨を拾い集めました。

１９５３年７月22日、日本に向かった白山丸は横浜港に着岸。

２万５０００名の群衆が出迎えてくれました。

渡辺はま子はここで「あゝモンテンルパの夜は更けて」を歌いました。

港は感動に包まれました。

ジャパンセンス、それは、「和をもって尊しとなす」大いなる調和を実現する、先人から受け継がれてきた大和心という標準装備なのです。

日本人が持つ特殊能力

モンテンルパで不可能を可能にした加賀尾たちと渡辺はま子の奇跡は、歌というコミュニケーション手段が、命をかけた想いを持って表現されたことから極めて困難な状況を突破しました。

昔の日本人は、生活の中で歌を歌うことが本当に好きでした。子守歌、田植え歌、稲刈り歌、木やり唄、炭坑節等々。生活の中でも、労働の辛さを歌うことで乗り越える感動知性を当たり前に持っていました。

今は、カラオケなど特別な空間でないとなかなか歌わない社会になってしまっているようですが。

歌うということは、声を出すということです。

声は音波として外に発信されると同時に、一番近い人にその波動が届きます。

一番近い人とは、自分自身です。

昔の日本人は、声の波動で自分のエネルギーを高めるというやり方を体得していたのだと思います。

歌うことで「生きるエネルギー」を生み出していたのです。

声は、唯一無二の自分だけの周波数で振動し、世界に向かって波動を届け、その周波数と共鳴する人を引き付けます。

モンテンルパの無実の死刑囚たちが創り上げた、『あゝモンテンルパの夜は更けて』は、故国や家族を想う高く深い愛の波動が歌に共鳴し、まず自分たちに勇気と元気を与え、その波動が日本中に届き、頑なだったキリノ大統領の琴線に触れ心を動かすほどのエネルギーを生み出していたのだと思います。

日本人ほど「歌」に情緒と力を見いだした民族はいないのではないかと思います。

平安時代に生まれた『古今和歌集』。

紀貫之が書いた「仮名序」の序文を読めば、日本人がいかに歌に対して強い想いを抱いていたかがわかります。


やまと歌は、人の心を種として、よろづの言の葉とぞなれりける。

世の中にある人、事業（ことわざ）、繁きものなれば、心に思ふことを、見るもの聞くものにつけて、言ひ出せるなり。

花に鳴く鶯、水にすむ蛙の声を聞けば、生きとし生けるもの、いづれか歌を詠まざりける。

力をも入れずして天地を動かし、目に見えぬ鬼神をもあはれと思はせ、男女の仲をも和らげ、猛き武士の心をも慰むるは、歌なり。

要約すると、

「和歌は、人の心をもとにして、いろいろな言葉になったものである。心に思うことを自然に言葉に表わしているのである。心が動けば日本人は歌を詠む。天地の神々を感動させ、目に見えない鬼神をもしみじみとした思いにさせ、男女の仲を親しくさせ、勇猛な武士の心を和らげるのが歌の力なのである」

和歌という歌のリズムは、「五七五七七」で、現代においても日本文化の隅々に浸透している三十一文字の感動知性の一つです。

日本の国家「君が代」の歌詞も、聖徳太子の「和をもって尊しとなす」も、短歌のリズム「五七五七七」で構成されているほどです。

日本文化のルーツにある歌の力に改めて気づき、日本語の美しさとリズムに込められたジャパンセンスを大切にしていきたいものですまた日本人は、虫の声がメロディとして心地よく聞こえる、という特殊能力を持っています。

海外の人たちは、心地いいどころか雑音としてしか聞こえません。

どうやら虫の声を感知する脳の部位が違うようです。

西洋人でも特殊な一部のアーティストしか持ちえない能力を、日本人は誰もが普通に持っていることが、あまりにも当たり前すぎて驚く人が多いようです。

これは、「情緒力」という日本人が持つ標準装備の一つです。

「清き明き心」のところでお伝えした「金継ぎ」という、仕立て直してオリジナルよりも良くしてしまう技術も、日本人が持つ特殊能力です。

ジャパンセンスの素晴らしさは、日本人自体があまり気づいていない特殊能力に支えられた恩恵でもあるのです。

スキルからセンスへ

情報過剰時代と言われる今、知っているけれどできないとか、知っているだけでやらないとか、いわゆる頭でっかち状態になっている人が溢れるほど存在しています。

情報を活かすには、頭の力だけでなく心の力が必須です。

「え、心も脳の働きだから、やはり頭の力じゃないの？」と思った方に、最新の情報をお伝えしておきます。

アメリカのカリフォルニア州にハートマス研究所という財団があります。

１９８５年に、スタンフォード大学のティラー博士との共同研究が、『アメリカ心臓病学ジャーナル』に掲載され、共感的な感情がコヒーレンス（共鳴）状態を生み出すことが、科学的に証明されたことがきっかけとなって、「感情と心臓」の研究は、徐々に注目を浴びるようになりました。

その研究によると、心臓は電磁波を出していて、周りの人にいい影響を与えることが可能なのだということです。

心臓は体の中で最も大きな電磁場を形成しており、心電図で測ることのできる電磁波の振り幅では、脳波計で計測できる脳波の振り幅の60倍にもなり、心臓の発する磁場成分の強さは、脳が発する磁場成分の５０００倍もあるそうです。

１９９０年代までは、脳だけが感情を生成していると考えられていましたが、最近は脳と身体の共同作業を通じて、認識や思考、感情といったものを生成しているという考え方が主流になりつつあるようです。

特に心臓が感情の生成において重要な役割を果たしていることを示す実験結果が幾つか登場しているのです。

・感情は脳だけで生成するものではなく、心臓と脳のチームワークで生成される。
・特に心臓が発信するポジティブな感情の電磁波は、脳をシンクロさせ、身体の細胞すべてをシンクロさせる。

・電磁波は自分の身体だけではなく、近くにいる他人の身体にも到達する。

「前向きな人に会って元気をもらった」という経験は、私も含め多くの方が認識していますが、それは科学的にも証明されることであることがわかってきているのです。

つまりこれからは、頭の力だけでなく心の力（＝心臓の力）が、周りの人といい関係を気づき、豊かに生きるために大切な要素になってくるのです。

心の力の中でも「センス」という能力は、今後にかけて大変重要になってきます。

これまでビジネスパーソンは、西洋からの知識やノウハウの流入で、一生懸命「スキル」を身に付けて戦ってきました。

自己啓発関連でも長い間、スキルやテクニックが重視されてきました。

私も様々なスキルを学び実践し、ノウハウとして提供もしてきました。

しかし「スキル」や「ノウハウ」は、賞味期限が年々短くなり、どこまで行っても、あの人より自分のほうが上だとか、あの人にはかなわないとか　競争モードに入ってしまい、常に上を行く人が目に入ってきます。

一方「センス」は、もともと持っている人間の標準装備で、オンリーワンのものであるという重要な前提を理解できれば、継続して磨き続けることで、自分にはないセンスを持った人と共創（共奏）モードに入れるのです。

スキルはあってもセンスを磨かない人は、いつまでも過剰競争の世界の住人から抜け出せません。

「センス」は、知れば知るほど、磨けば磨くほど、オリジナリティが溢れ才能と個性が輝き「自分らしさ」が明確になってきます。

この大切な気づきと成長のコツを多くの人に伝えるために、3年前から継続して学びを深められるオンラインサロン（オンライン感動塾）を始めました。

本書で書いてきた多くのコンテンツも、毎月配信する番組を創る過程で生まれてきたものです。

3年間続けてきて本当に驚いたのは、私自身の「センス」がどんどん磨かれてきたことです。

配信方法や映像作成スキルは最初だけ基本を「身に付けました」が、形ができてからは毎回「センスを磨く」連続となり、その醍醐味に夢中になっていきました。

まさに「知るから活かす」へ私自身がシフトした最高の体験でした。

情報を活かす。

自分を活かす。

他者を活かす。

場を活かす。

偶然を活かす。

今、AIとDXの急速な発達によって、世の中はさらに便利になり効率化が加速する一方で、人間の仕事や雇用がなくなることも危惧されています。

しかし忘れてはいけないのが、私たち人間には、哲学や芸術や感情を司る右脳的な働きの中で、たくさんの価値や感動を生み出してきた歴史があるということです。

それは競争に基づいた西洋の左脳的スキルではない、日本人が最も得意とする共感と感動に基づいた右脳的センスの領域です。

これまで「あるかないか」で語られてきた「センス」を、誰にでもある標準装備と意味付けを変えることで、誰もが日常に感動を生み出すことができるようになります。

スキルからセンスへの変化は、左脳偏重から右脳活用への大きな進化でもあります。

左脳は機能的に、他との違いを強調しますので、競争と戦いに発展しやすく、今の世界のような分断を生み出します。

「スキル」偏重が続くと、価値を持つのは相対的な指標となり、誰かとの（何かとの）比較において優れているか劣っているかの評価がもれなく付いてきます。

「センス」は右脳の領域で、競争と分断ではなく、一体化や調和の働きがあります。

また幸福感や感動など、人間の大切な感情を生み出す領域です。

スキルからセンスへシフトすることは、人間本来の幸福感を大切にするという最も大切な価値観に戻るために必要な変化になるのです。

スーパー左脳的な働きであるＡＩが発展する今こそ、人間本来の右脳の可能性を見つめなおし調和を図る絶好の時なのです。

内から外へ伝わる力

感動が伝わるには、左脳的なテクニックやスキルだけではなく、右脳を活用した「伝わるセンス」を磨く必要があります。

「自分は左脳的な人間だから難しいなあ」と思う人がいたら、もともとの日本人がどういう民族であったかに思いを馳せることが必要です。

かつて日本人は、右脳活用の達人でした。

阿吽(あうん)の呼吸、空気が読める、虫が知らせる、相手の気持ちを慮る、雰囲気で察する神のお告げ等々、右脳的な言葉が普通に生活の中に溶け込んでいました。

日本人のルーツは、1万6000年続いたと言われる縄文時代にあると言われています。

縄文人は右脳的な人たちで、争わず皆で助け合って平和に暮らしていたようです。

右脳を活用するには、自分の外側から情報を得て答えを導き出す情報処理だけでなく、自分の内側が感じたワクワクや感動といった情緒を起点にすることからスタートします。

現代物理学（量子力学）でわかっていることは、物質の最小単位は「素粒子」ということです。

素粒子が原子を構成してそれが分子となり私たちの体を含めた物質を作っているのです。

素粒子のエネルギーは波（波動）として外側に発信されます。

波には周波数があります。テレビやラジオの周波数と同じです。

周波数が合うとテレビやラジオが見えて聞こえるのと同じです。

つまり、外側の現象に影響されて内側の心が動くというのは、原因と結果が逆なのです。

内側の心のエネルギーが先で、外側の現象が後なのです。

ハートマス研究所の「心臓と感情と電磁波」の研究とも符合します。

自分の波動を高めるには、自分の心に感動というギフトをたくさん贈ってあげることです。

それが自他感動というジャパンセンスの基になる極意です。

かつての日本人が、歴史上何度も長期に渡り平和を維持できた背景にあったのは、一部のエリートだけではなく、一般庶民が右脳活用の達人であったことに関係があるのではないかと推測されます。

日本人以外でも、感動波動から成功した人も存在しています。

その一人に、ジャン=ポール・ゴルチエ（Jean Paul GAULTIER）というフランスのファッションデザイナーがいます。

ゴルチエは、アバンギャルド（前衛、先駆け）なブランドとして知られており、ファッション業界だけでなく、映画や音楽業界にも衣装を提供するなど、幅広い活動を行っています。

そのデザインにはある不思議な特徴があります。

スーツなどの襟の内側についていて、上着をかける時などに使う「ループ」と呼ばれるものが襟の外側についているのです。

そのループはスーツだけでなく、ＹシャツやＴシャツなどすべてのアイテムについているのです。

目が不自由だったゴルチエのおばあさんは、ゴルチエが小さい頃、彼の服を出す時に前と後ろを間違えないように、後ろの襟のところに「ループ」を付けておいたのです。

ゴルチエは、その思い出を大切にするため、自分がデザインするアイテムはすべて、この「ループ」を外側に付けているのだそうです。

ゴルチエのショップスタッフは、この素敵なゴルチエとおばあさんの話を、心から嬉しそうにお客さんに語るのです。

デザイナーも販売スタッフも、内側の感動波動を先に感じ、それを外側に発信し、物語を共有しているのです。

イギリスの数理物理学者・数学者で、２０２０年ノーベル物理学賞を受賞したロジャー・ペンローズ博士は、次のような名言を残しています。

創造することは思い出すことに似ている。

創造を司る脳の部位と思い出す部位は大変近い位置にあるのだそうです。
私は創造力と感動力はとても近い関係にあると考えていますので、次のような提言を20年前に発表しました。

感動とは探すものでも発見するものでもなく思い出すもの。

感動の素に「懐かしさ」という感情があります。
今感じた感動は、子供の頃に嬉しかったこと、運動会や遠足、家族旅行、褒められたこと、優しくしてもらったこと、友達との友情など、様々な懐かしい思い出の記憶が形を変えてつながった喜びなのではないかという仮説でした。

感動の2大要素は、「思いがけなさ」と「懐かしさ」。

思いがけなさは期待を超えた実感。

懐かしさは時を超えた優しさの記憶。


誰もが皆、子供の頃は表現力の達人でした。

記憶の片隅に残る幼き頃の汚れなき振る舞い。

生まれてから数年の間一人では生きていけない私たち人間は、表現力を全開にすることで誰かの優しさをいただきながらこの世界に生かされてきました。

胸の奥に眠る優しさの記憶。

何かを思い切り表現した時に誰もが感じる理由のない喜び。

大人になった今、私たちは表現することでその感覚を思い出せるのでしょう。

見栄や恐れで閉ざした心のリミッターを外した時、目の前に広がる可能性という名の大海の存在に気づけるのです。

琴線感覚を磨く

企業講演の出張で、羽田から福岡へ行く飛行機の窓から、とても美しい景色が見えたことがありました。

言葉では表現できない色に輝く海と、雲海の上に浮かぶ富士山。

私は、感動してずっとその景色を眺めていたのですが、ふと周りを見てみると、誰も景色を見ている人はいないようでした。

キャビンアテンダントはテキパキと仕事をし、乗客は新聞を熱心に読む人や持ってきた本を読んでいる人、寝ている人等など。

もちろんそんな景色を見なくとも、何の問題もないし、このようにしていつもの日常は過ぎていくものなのでしょうが、もしかすると、何の変化もない日常の中に、私たちが見過ごしている感動の種は、実はもっとたくさんあるのではないか？　と思わずにはいられないほど、眼下の美しさと機内の光景のギャップが鮮明に映りました。

別の日に友人が、「北九州へ向かう飛行機で機長が、『ご搭乗ありがとうございます。当機はただいま富士スピードウェイ上空を通過しております』と案内したのでびっくりしました」とメールで教えてくれました。

ちょうどその時私が、富士スピードウェイでトヨタ自動車のレクサスの研修をしていたのを知っていたので、なんとも不思議なシンクロに驚いたらしいのです。

私はこのような日常にある見逃してしまいそうな感動に気づける感覚を「琴線感覚」と呼んでいます。

「金銭」ではなく、「心の琴線に触れる」の「琴線」です。

この感覚を磨いている人は、他者の心の琴線に触れるアイデアを生み出す能力が高まります。美しさや感動を人とわかちあいたいと思う気持ちが、様々なヒット商品を誕生させ、世の中が元気になるとても大切な要因であるからです。

当たり前に過ぎていく日常のひとコマを、ただいつもの風景として「見る」だけでなく、注意深く興味を持って「観る」、愛情を持って「看る」という、もう2つの「みる力」を使って見逃していた感動に気づき、人生の満喫力を高めることは、ＡＩが発達する21世紀のビジネスパーソンに必須の右脳的ビジネス能力です。

このエピソードを、メールマガジンに掲載したところ、ファンの方から素敵な感想をいただきました。

機上からご覧になった美しい風景の話に、
私も飛行機に乗務していた頃の数々の感動を思い出しております。
機上から見る地上の風景や空の風景がとても好きでした。
その感動をお客様と共有したくて、
よくアナウンスを入れておりました。
しかし、機内でオーディオ放送が聴けるようになったことや、
飛行機が大型化して窓側の席が少なくなったこと等により、
風景の案内アナウンスを控えるようになってきております。
その代わり、窓側のお客様にはできるだけ個別に

ご案内するようにしているのですが……。
最近は客室乗務員も余裕が無くなってきているのかもしれません。
もったいないことです。
富士山も季節や時間、天候や角度など、その時々で表情を変えます。
毎日見ていても飽きることはありません。
ある時、機内でお仕事をしていらっしゃる窓側のビジネスマンの方に、
「今日は富士山が特にきれいですよ」と声をおかけしたところ、
お仕事の手を止めて窓の外をご覧になり、
「この路線に何十回も乗っているけど、富士山を見たのは初めてです。
すばらしいですね。教えてくれてありがとう」
と大変喜ばれたことがございました。
見過ごしている「感動の種」、確かに日常にいっぱいありそうですね。

恩送りという日本の美学

沖縄本島からさらに南に400キロ。

南西諸島の中にある石垣島では、仕事がない人を周りの皆が当たり前に助けると言います。

「素晴らしいですね」と言ったら。「恩送りだ」と地元のおばあさんが事もなげに言いました。

恩送り。

もらった恩を自分を通じて周りの人に送っていくという行為。

江戸時代には日常的に使われ、実践されていた日本文化。

現代の辞書には載っていません。

失われてしまったこの美しい庶民の文化（＝ジャパンセンス）を、日本最南端に近い石垣島の人たちが当たり前に実践していたのです。

人には鏡のように、お互いの感情を共有できるセンサーがあります。人を喜ばせると自分も嬉しく、人を幸せにすると自分も幸せを感じ、人を感動させると自分も感動します。

感動は共有することで大きくなり、共有するからこそ継続できます。

この原則を忘れると、おもてなしもサプライズも、単なる形だけの作業になり、効果は薄れ継続ができなくなります。

体温のあるハートが入った仕事は、本人の感動記憶が源になります。

誰かに喜ばせてもらった記憶は、忘れているように見えても、記憶のハードディスクにしっかりと全部残っています。それは「恩のデータベース」。

勇気をもらったこと。

教えてもらったこと。

背中を押してもらったこと。
育ててもらったこと。
感動させてもらったこと。
助けてもらったこと。
励ましてもらったこと。
元気をもらったこと。
守ってもらえたこと。
お世話になったこと。

人生を遡ってみれば、私たちはそのデータベースからたくさんの価値あるクリエイティブなアイデアを生み出していることに気づけます。

人間の心の中にある最高の宝物は、「感動記憶」です。

恩をもらった人に返すことを「恩返し」。
恩をもらったのに知らんぷりする人を「恩知らず」。
もらった恩をその人に返すのではなく、自分を通して他の人に送っていく「恩送り」。

恩返しは善の心ですが、当事者二人だけの世界で終ってしまうところを、恩送りは社会全体に拡がっていきます。

人間の創造活動の根底には、親や兄弟、友人や師からもらった知恵や感動という恩を、仕事を通じて誰かに贈ってきたという関係性があるのではないでしょうか。

価値を創造する際の飽くなきモチベーションや尽きることのない勇気や発想のパワーは、ゼロから生まれたのではなく、誰かからもらった恩がその基盤になっているはずです。

せっかくもらった恩だから、そのまま送るだけでなく、自分という存在を通じて、ひと味の価値を加えて次の人へ「贈る」という行為に発展させたいと思います。

私が企業講演や研修で伝えているのは、自分の中の感動記憶というかけがえのないデータベースを組み合わせて、新しい価値を創造する「恩贈り」を推奨しています。

恩送りから恩贈りへ。

それはつながりを紡ぐということ。

海外で生活する日本人は、自分の中にさりげなくインストールされている「感動知性」という美学が発動し、自然に恩贈りをすることで相手に驚かれることがあります。

ニューヨークで画家として活躍する、私のオンラインサロンのメンバーでもある大森千寿さんは、ニューヨークの街角で次のような体験をしました。

創作からの帰り道。
後ろから早歩きでヒップホップ系の格好をした
アフリカンアメリカンの若い男性が
PIZZAの箱を片手に抱えて
足早にわたしを追い抜いていった。

その後ろ姿がだんだん離れていくのを
ぼんやりみていたら、彼のポケットから何かが落ちた。
急いで追いかけていったら、20ドル札だった。

音楽を聴いていたお兄さんの肩をトントンして、
お金が落ちたよって伝えたら、
え？！
すっごいびっくりしてポケットを確かめ、
わお！　きみ、わざわざ拾って僕に返してくれるなんて、
すごい！　信じられない！

なぜ？　って聞かれた。
え？　なぜ？　って？　あなたのお金でしょ？
わたしの国、日本ではみんなこうするよ。
そう伝えてみた。

すると彼、ものすごい感動していた。
頭抱えるジェスチャーまで。

すごい国だな！　話には聴いていたけれど、
いつか僕も行ってみたい、今日は本当にありがとう！

そういってしばらく雑談したあと、彼と別れた。

お金を拾って届けただけで、感動される。
当たり前のことが、当たり前ではない。
ＮＹでまたひとつ、思い出が増えた。

彼女はさらに続けます。

日本の価値って、他の国から見ると相当高い。
ニューヨークで暮らしていると、
人々の日本リスペクトを肌で感じる。

日本への憧れ、みんなが一目置く日本ブランド。

日本人だというだけでリスペクトされる。

そんな国、他にあるだろうか？

日本の凄みを世界に発信していくことで
地球が元気になっていくイメージが、
ここ何年も浮かんでくる。

ニューヨーカーに「日本人だよ」って伝えたら、
BUSHIDOの本のことを聞かれることがよくある。

「礼の最高形態は、ほとんど愛に近づく」

本の中に出てくるこの一節がわたしは好きだ。

世界に誇る日本。日本が世界を変えていく。

本書でお伝えした「慮る」「武士道」「ＹＡＰ遺伝子」「むすひ」等のジャパンセンスを日常で自然に発揮するアーティストが世界規模で活躍する日はもうすでに来ています。

先人から受け継がれた感動知性という日本の美学を、今を生きる私たちが保ち、次の世代へ引き継いでいく「恩贈り」を読者の皆さんが実践した時、本書が紡いだドラマがハッピーエンドに帰結することになります。

あなたの感動知性が
周りの人たちを
最高に輝かせますように
そしてその灯りで
あなたが最高に輝きますように

おわりに

人は芸術があるので心が広げられ、
人生を二倍豊かに生きることができます。

与謝野晶子

情熱の詩人与謝野晶子は戦時中、戦地の弟を案じる「君死にたまうことなかれ」という歌を書き、多くの人々から「非国民」だと非難されましたが、与謝野晶子は怯まず、「まことの心を歌わぬ歌に、なんの値打ちがあるでしょう」と毅然と反論したと言います。

「まことの心を歌う」。

本を書く場合も、「世間で売れているのはどのような本なのか?」「出版社が売れそうだと思う本はどんなコンテンツなのか?」などという実利偏重的な心になる瞬間があります。

たしかに商業出版は売れてなんぼのところがありますので、この問いはあってしかるべきなのですが、与謝野晶子のこの言葉の力が私の心をとらえて離れないのです。「まことの心を書く」としたら、今、本気で世界に伝えたいことは何だろう? という純粋な「問い」が生まれてくるのでした。

その答えが、もうひとつの与謝野晶子の言葉でした。

おわりに

TRUE HEART

人は芸術があるので心が広げられ、
人生を二倍豊かに生きることができます。

芸術を感動に置き換えても意味が通じ、感動は人の心を広げ人生を二倍豊かに生きられる、人間にとって大切なものです。

20年前に「感動」というテーマを掲げ、世界に感動を増やす仕事をしようと決めた時から17冊目の本書は、原点に戻り「まことの心を書く」、いや書きたい！　という想いが強く芽生えました。

分断と戦いが蔓延し、自然災害が容赦なく襲う今、それでもなおこの地球という星に共存する世界の人々に、日本という感動を尊ぶ和の国に生まれ育まれた自分がわかちあえるものを表現しよう。

日本より愛を込めて、和をもって尊しとなす日本精神を、恩贈りで伝える本を書くことが私の「まことの心」であることに行きつきました。

感動創造という道を一筋に探求してきた一人の専門家として、先人たちが魂を込めて、時には命をかけてまで受け継いでくれた宝物を「感動知性」「ジャパンセンス」と名付け、できるかぎりわかりやすく表現することに最善を尽くすことにしました。

一人の表現者として、激動の世界を感動の世界に変えるために、ハチドリのひとしずくのごとく、大切な価値ある一滴を世の中に届けられることを願って、本書のエピローグとさせていただきます。

最後に、伊勢神宮の風日祈宮（かざひのみのみや）の不思議なご縁から、本書というドラマの共演者になっていただいたかざひの文庫代表磐﨑文彰さん、心をつないでくれた本のソムリエ団長、コンテンツの誕生に関わってくれたオンライン感動塾のメンバーたちに、熱き感謝を捧げます。

平野秀典

参考文献

『私は日本のここが好き！』加藤恭子著（出窓社）
『シドモア日本紀行』エリザ・R・シドモア著 外崎克久訳（講談社学術文庫）
『日本その日その日』石川千代松（青空文庫）
『知覧からの手紙』水口文乃著（新潮文庫）
『石田梅岩 都鄙問答』石田梅岩　現代語訳 城島明彦（致知出版社）
『なぜ名経営者は石田梅岩に学ぶのか？』森田健司著（ディスカヴァー・トゥエンティワン）
『奇跡の職場』矢部輝夫著（あさ出版）
『乙女の心得』石川真理子著（グッドブックス）
『ドラマ思考のススメ』平野秀典著（あさ出版）
『鉄砲を捨てた日本人』ノエル・ペリン著 川勝平太訳（中央公論新社）
『国家の品格』藤原正彦著（新潮文庫）
『いま、拠って立つべき〝日本の精神〟武士道』新渡戸稲造著　岬龍一郎訳（ＰＨＰ研究所）
『死刑囚の命を救った歌』新井恵美子著（ディスカヴァー ｅｂｏｏｋ選書）

PROFILE

平野秀典
HIDENORI HIRANO

感動プロデューサー® 講演家 作家 俳優

日本における感動創造メソッドの第一人者。演劇の役者経験を活かした、顧客と感動を共有する「感動マーケティング」という手法で、当時在籍していた東証一部上場企業をV字回復に導くなど、企業内個人ブランドの草分けとして活躍。独立後は、日本で唯一の感動プロデューサー®として、講演や研修などで数々の企業の業績アップに貢献。営業活動なしで一流企業を中心とした1千社の企業からの招待講演、受講者20万人超の実績を打ち立てる。現在も役者として主演舞台に立ち、サントリーホールや紀伊國屋劇場でビジネスセミナーを行うなど、表現力の新しい可能性を拓き続けている。著書は、国内17冊、海外翻訳12冊など、ベストセラー＆ロングセラー多数。

エピソード動画特典ページ

本書に描かれたエピソードが
著者のナレーションで再現

https://www.kandougift.com/episodev/

仕事と人生にドラマを生み出す

感動知性

「ジャパンセンス」が世界を変える!

平野秀典 著

2024年3月23日　初版発行

発行者　磐崎文彰

発行所　株式会社かざひの文庫
〒110-0002　東京都台東区上野桜木2-16-21
電話／FAX 03(6322)3231
e-mail : company@kazahinobunko.com
http://www.kazahinobunko.com

発売元　太陽出版
〒113-0033　東京都文京区本郷3-43-8-101
電話 03(3814)0471　FAX 03(3814)2366
e-mail : info@taiyoshuppan.net
http://www.taiyoshuppan.net

印刷·製本　モリモト印刷

装丁　藤崎キョーコデザイン事務所

ISBN978-4-86723-158-6